学／者／文／库／系／列

一体化科技协同创新

陈建华　著

哈尔滨工程大学出版社

Harbin Engineering University Press

内容简介

本书期望提供阐释一体化科技协同创新运行的理论方法,遵循劳动创造价值的基本规律,分析创新生成的信息协同与组织结构内在相互作用的关系,旨在揭示受社会生产发展历史阶段约束时一体化科技协同创新体系宏观运行的演化规律,建立博弈模型及其均衡分析,能很好地阐释"四个发展历史阶段"一体化科技协同创新体系宏观结构变迁的内在机理。本书还探讨了微观的创新劳动市场行为与创新网络行为互补和替代作用的关系,比较分析引入市场经济前后创新劳动自主行为选择策略对一体化科技协同创新体系效能的影响,阐明市场配置创新资源的原则与方向。

本书可供学界相关研究人员阅读参考。

图书在版编目(CIP)数据

一体化科技协同创新 / 陈建华著. —哈尔滨 : 哈尔滨工程大学出版社, 2024.3
ISBN 978-7-5661-4333-4

Ⅰ. ①—… Ⅱ. ①陈… Ⅲ. ①技术革新-研究-中国
Ⅳ. ①F124.3

中国国家版本馆 CIP 数据核字(2024)第 060461 号

一体化科技协同创新
YITIHUA KEJI XIETONG CHUANGXIN

选题策划	石　岭
责任编辑	暴　磊
封面设计	李海波

出版发行	哈尔滨工程大学出版社
社　　址	哈尔滨市南岗区南通大街 145 号
邮政编码	150001
发行电话	0451-82519328
传　　真	0451-82519699
经　　销	新华书店
印　　刷	哈尔滨市海德利商务印刷有限公司
开　　本	787 mm×1 092 mm　1/16
印　　张	11.75
字　　数	218 千字
版　　次	2024 年 3 月第 1 版
印　　次	2024 年 3 月第 1 次印刷
书　　号	ISBN 978-7-5661-4333-4
定　　价	88.00 元

http://www.hrbeupress.com
E-mail:heupress@ hrbeu.edu.cn

序　一

当今世界变乱交织,百年变局加速演进,多重挑战和危机叠加。西方发达国家逆全球化冷战思维和民粹主义盛行,地缘冲突加剧,贸易保护主义泛化,知识产权与专利技术壁垒加强,人工智能霸权初现,发达国家与发展中国家科技水平差距有加大的趋势。美国发起针对我国科技脱钩的竞争性战略,意在打压我国发展尖端科技产业,阻碍我国现代化建设进程。在这种情况下,唯有独立自主、加大科技创新才是解决问题的关键。

习近平总书记在党的二十大报告中强调要"完善科技创新体系"。完善科技创新体系,其路径方法有很多,一体化科技协同创新就是其中的重要措施之一。中央财经大学博士研究生陈建华,正是抓住了这一关键问题,以此作为博士论文的选题,对其进行了比较深入系统的研究,形成了具有重要参考价值的理论成果。

翻阅陈建华博士所著的《一体化科技协同创新》一书,给我留下了几点深刻的印象。

一是逻辑体系严密。此书除具有博士论文的一般逻辑要求外,在理论建构上,遵循现状与问题分析,找出存在问题的原因,挖掘其中的动力因素,然后探寻协同创新的方式,建立协同创新发展模型,提出协同创新总体框架和策略,最后给出一体化科技协同创新的对策建议。按照这种逻辑来读,引人入胜,环环相扣,达到了理论研究的目标要求。

二是研究内容新颖。创新研究不是新题,但在党中央和习近平总书记提出"完善科技创新体系"和"巩固提高一体化国家战略体系和能力"的总体要求下研究"一体化科技协同创新",是本书的创新之处。围绕"一体化科技协同创新"这一主题,作者的一系列论证论述,既有理论磁性,引人细阅;也有实例分析,给人启迪。

三是切合"融合"主题。经济建设与国防建设融合发展是国之大事、国之根本,当今世界每个国家都十分重视这个战略级别的问题。但各国做法不尽相同,本书作者在分析了美国的一些经验做法后,重点针对我国实际提出了自己的构想。尽管这些构想可能还不成熟,但其切合"融合"主题的创新立意已经十分明显。

四是颇有参考价值。理论研究的目的在于指导实践、应用实践。没有指导价值的理论研究是无意义的。看了《一体化科技协同创新》这本书后,我觉得其为建立具有中国特色的一体化科技协同创新的理论与实践范式,以及高水平科技自立自强提供了有力支撑,并且在新型举国体制下对经济建设与国防建设融合发展,有一定意义上的参考作用。

五是文笔较为流畅。书写出来是供人们阅读学习的,文字语言的表述直接影响读者的阅读学习效果。细读陈建华博士的这本新著,看似一个高深的命题,却用通俗流畅的语言——道来。虽然没有文学作品中那样的华丽辞藻,但作为学术专著、博士论文的文字表达,足以使读者以轻松有趣的心情入学入脑。

鉴于上,期盼《一体化科技协同创新》这本书早日问世;同时,希望有更多的专家学者关注一体化科技协同创新问题的研究,为推动新时代强国兴军目标的实现做出应有的理论贡献!

库桂生

(库桂生,历任中国人民解放军国防大学科研部副部长、副教育长、教研部主任、国防经济研究中心副理事长,正军职务,少将军衔;"中国国防经济学年度人物和优秀成果"评审委员会主任。)

序 二

当今世界,科技创新成为推动百年未有之大变局演进的关键变量,前沿科技创新国际竞争空前激烈。人工智能、量子信息、生命健康、太空探索等颠覆性科技创新正加速突破,推动世界各国经济建设与国防建设深度融合发展,促进科技创新范式跃迁。党的二十大报告指出:"坚持创新在我国现代化建设全局中的核心地位。"习近平总书记在出席十四届全国人大一次会议解放军和武警部队代表团全体会议时强调:"巩固提高一体化国家战略体系和能力,关键是要在一体化上下功夫","要深化科技协同创新"。2020年,中国步入创新型国家行列。2035年,中国将进入创新型国家前列,建成科技强国。研究创新理论的工作者需综合借鉴全球科技创新的前沿理论,依据中国科技创新的实践经验,构建具有中国特色的创新理论与创新范式,积极贡献对创新的理论洞察与政策建议。

科技是第一生产力,是核心战斗力。一体化科技协同创新,既是统筹国家发展与安全建设的高地,也是健全关键核心技术攻关新型举国体制的重要组成部分。中央财经大学陈建华博士撰写的《一体化科技协同创新》一书,阐释了一体化科技协同创新的运行机理,具有一定的理论创新与实践应用价值。早在2018年10月,陈建华就通过电子邮件给我寄来了该书的初稿,我阅读后留下了较为深刻的印象。2022年,他参与了我承担的《体系工程管理理论及实践研究》课题,书稿中的部分内容在课题中得到了应用转化,充实了课题内容。该书稿历经6年即将面世,对于陈建华本人来说是一件值得欣喜的事,我愿意提供一些阅读书稿后的感受。

首先,该书抓住了科技创新价值生成与创新成果转化运行的本质,两条运行规律作为主线贯穿全书。第一条主线是科研人员互动协同合作的规律。该书遵循马克思主义劳动学说,借鉴有关"创新劳动超常价值论"的论述,将科研人员视为一般的创新劳动,较为系统地阐述了科技创新价值生成的本源及其原理,是全书的创新亮点。创新劳动是最具活力、最具潜在价值的创新资源。

2022年,中国研发人员全时当量超600万人年,规模多年保持世界第一,成为创新劳动资源最为丰富的国家之一。中华人民共和国成立后,面临严峻的国际安全形势,充分发挥社会主义集中力量办大事的优势,建立了举国体制,优先发展国防科技工业,成功研发了以"两弹一星"为标志的一系列尖端国防重大装备,奠定了国家科技工业基础,为经济建设发展提供了安全保障。然而,创新劳动在不同部门的分割状态约束了创新活力,战略科学家比例较小,难以适应全球创新范式的发展演化。1978年,中国实施改革开放,逐步建立了市场经济体制。党的十八大以来,中国进一步深化科技体制改革,建立市场配置创新劳动资源的激励体制与机制。该书研究创新劳动分工协作的微观运行原理,分析创新网络与市场互补性、替代性相互作用的关系,提出建立流动性的创新劳动市场,丰富了创新的理论。第二条主线是知识耦合与扩散的规律。创新过程生成的信息标准化为知识与技术。应用这一规律,能较好地阐释组织结构与信息结构的关系,很好地契合了宏观创新体系演化运动的过程与趋势。同时,两种规律具有辩证统一性,该书能较好地阐释两种规律相互作用的内在关系。

其次,该书具有较为完整的逻辑结构。一体化科技协同创新的难点在于市场经济条件下如何同时实现三种创新模式。该书依据创新的特征将创新的模式分为模仿创新、引领创新、原始创新,构建了前沿科技创新评价、协同创新政策、协同创新网络、协同创新人才培养、协同创新成果转化、协同创新市场体系六大子体系。微观的创新劳动分工协作具有生态化特征,会影响创新的中观组织形式与宏观运行体系,以及创新范式的跃迁。通过建立微观的创新劳动互动协同合作的理论基础,着重论述了中观的创新网络与市场互动过程,构建宏观的六大子体系协同运行的一体化科技协同创新体系,能够较好地契合中国科技创新实践历程与发展需要。

最后,该书的研究内容还需要继续完善拓展。按照中国创新实践发展历程构建的博弈均衡模型能较好地分析中国科技创新实践历史变迁的动因和运行过程,有助于建立市场经济激励机制下创新价值生成的方向、原则和基本内容,所建立的一体化科技协同创新运行原理能较好地契合当下全球的创新范式。然而,其构建的博弈模型较为简单,数理推导难以体现微观参数变动对整体模型与结构的影响,需要依据创新实践构建更为完善的数理模型。实证检验是经济管理领域学术著作的重要组成部分,论述科技创新方面的实证检验也较为成熟,但创新价值生成与创新劳动创新能力的相关性具有较强的内生性,创新价值的超常性与潜在性会影响创新成果转化的价值量,都是收集相关性数据进行实证检验需要突破的难点,需要依据计量经济学的基本原理进一步构建可靠的理论模型,搜集数据进行实证检验。

经济建设与国防建设融合发展是统筹国家安全发展的主体内容,要坚持科技是第一生产力、人才是第一资源、创新是第一动力。创新理论的工作者要结合中国科技创新实践经验,持续深入研究一体化科技协同创新体系运行演化规律,构建具有中国特色的创新理论和创新范式。期待更多的学者评阅此书,共同为健全关键核心技术攻关新型举国体制做出更大贡献。

陈　劲

(陈劲,教育部长江学者特聘教授,清华大学经济管理学院创新创业与战略系教授、技术创新研究中心主任,兼任中国工程院教育委员会委员、教育部科技委管理学部委员、中国科学学与科技政策研究会副理事长。)

前　　言

科技创新是人类文明进步的永恒动力。探寻科技创新价值生成与创新成果转化的规律是国家、组织与个体始终关注的中心议题。创新劳动是科技创新价值生成的唯一源泉。创新的不确定性，使创新劳动创造的新质使用价值具有复杂性、潜在性与超常性，创新成果转化具有迂回性。科技创新成果应用于社会生产的各个领域，显著提升了全社会的生产力水平，使生产关系急剧变化。

一体化科技协同创新是一种体系化创新模式，包括前沿科技创新评价、协同创新政策、协同创新网络、协同创新人才培养、协同创新成果转化、协同创新市场体系六大子体系，其中任何一项协同创新体系建设的缺失都会导致一体化科技协同创新效能的损失。当前，美国把我国视为竞争对手，将战略重心移向"亚太"，制定"亚太再平衡"战略，严重威胁我国国家安全。同时，我国经济建设正处于转化发展动能的关键阶段，急需通过创新带动经济结构调整。如何建立与国家发展和安全相匹配的一体化科技协同创新体系，成为当前最为紧迫的战略需要。我国原始创新成果与国家发展和安全不相匹配成为一体化科技协同创新的突出矛盾，其表现形式是创新劳动市场流动性的不充分和构建创新网络的自组织性程度不高，造成原始科技创新供给能力不足，不能适应国家发展和安全对创新的需求，即一体化科技协同创新供给能力不能适应国家对科技创新需求的迫切性。

改革开放40多年来，我国的创新资源得到极大发展，产生了一批重要的前沿科技创新成果，但是总体来说与欧美发达国家仍有较大差距。究其原因，我国一体化科技协同创新处于部门割裂状态，前沿科技创新多数集中在涉及国家安全的部门，民用部门进入这些部门的创新项目门槛高，一体化科技协同创新还未完全适应市场经济发展需要。在创新领域，跨部门的协同创新还不是很顺畅，极大地迟滞了我国前沿科技创新，增加了创新成本。我国一体化科技协同创新实践伴随着改革一直在推进，然而，一体化科技协同创新规律在实践中并没有取得统一认识，现有的协同创新理论在指导一体化科技协同创新时有很大的局限性。一体化科技协同创新是一门全新的课题,需要对现有的创新理论进行补充和扩展。

一是一体化科技协同创新体系的概念有待进一步扩展。创新本质上是一个动态发展的过程,伴随着专业知识的细化呈现出不同的耦合形式,必然会引发为创新建立的组织结构的变革。创新组织结构的变革会进一步导致产权制度、创新资源配置及运行机制的变革。一体化科技协同创新实践活动的进步,使其抽象概念随着国家发展和安全呈现出动态变化的过程。一体化科技协同创新的概念会随着创新组织形式、创新资源配置和创新成果转化等的变化而发生改变,特别是创新价值生成会随着创新的组织结构变化而发生较大的改变。因此,一体化科技协同创新体系的概念要能反映某一阶段创新要素运行规律的基本特征。如何建立适合我国发展和安全的创新生态环境以适应一体化科技协同创新发展要求,成为决定一体化科技协同创新效能的突出问题。

二是跨学科的知识耦合与知识扩散会引发前沿科技创新的涌现。在知识经济时代,知识成为全要素生产率,成为影响国家发展和安全的核心要素,也可以理解为第一生产要素。当前,学术界对知识作为生产资料的认识局限于知识标准化,即知识产权或专利技术,研究集中在知识产权的权益分配对创新的激励方面,属于创新的事后问题。创新的事前问题作为一个难点研究相对较少,主要是因为对知识作为生产资料与创新劳动的不可分离性认识不足。工业经济时代,劳动与生产资料的可分离性催生了以资本导向为主的社会化大生产模式,所有权与经营权的分离在实践中逐步形成了现代企业契约管理模式,劳动力从属于资本运行范畴,企业的运行更多关注的是资本的运行效率,如何提升产业技术结构以减少劳动力难以量化管理带来的不确定性。知识经济时代,创新劳动与生产资料(知识)是不可分离的,这就从根本上否定了按现代产业组织或企业管理模式来组织创新的产出。一体化科技协同创新不再是简单地以资本集聚来带动创新生成,而是需要通过围绕知识生产的主体——创新劳动,来建立新的创新组织管理模式。

三是运用马克思主义劳动价值理论来阐释创新价值,是马克思主义劳动价值理论的升华。创新价值与一般的劳动价值有本质不同。一般的劳动价值是凝结在产品中的社会平均劳动时间,而创新价值则是凝结在创新成果的个别劳动时间。一般劳动价值转化为产品属于一次性转化,而创新价值属于超常价值,需要进行二次或二次以上转化,其价值量要远远大于一般劳动价值。同时,一般劳动价值在转化为产品价值时有所损耗,而创新价值在转化为一般劳动价值时几乎不产生损耗。创新价值的超常性和转化的复杂性,很难构建起现代经济学理论模型,特别是协同创新的经济学模型和实证检验的解释具有很大的局限性,学者们多数是用规范经济学来研究协同创新。创新价值的构成中包含创新劳动的个别劳动时间、知识性生产资料的转化和重复劳动的社会平均劳动时间。知识性生产资料成为创新劳动的劳动工具,在前沿科技创新领域具有非竞争性与非排他性的公共属性。政府是知识性生产资料建设的主要承担者,如国家重点实验室和创新研发中心等。在建设创新研发中心时,政府应给予企业必要的财政补贴和税收优惠,鼓励企业建立各类创新研发中心。国家重点实验室和创新研发中心的经营管理要借鉴国外管理经验,政府部门不直接参与管理,而是委托大学、智库组织或非营利性组织进行管理,按照市场化规则运行,是一体化科技协同创新网络的实体依托。

四是创新网络是一体化科技协同创新的组织形式,其演化与运行实践需要深化研究。现代产业组织理论还没有对创新劳动与知识的不可分离性进行深入研究,其解释协同创新的组织形式存在局限性。现代企业层级管理模式会封闭固化企业组织内部的创新网络,导致创新劳动的知识趋于同化,跨学科的知识耦合和知识扩散呈退化趋势。同时,企业在创新过程中需要向创新劳动支付全时报酬,而不是支付创新时的阶段性报酬。一般来说,创新劳动的报酬要远远高于重复劳动的报酬。如果创新劳动的创新成果与生产联系不紧密,转化时间长,就会导致因创新劳动报酬太高而使得企业发生系统性风险。创新网络具有自组织性、开放性和协同性的特征,这就天然规避了发展部门与安全部门的封闭创新模式。同时,创新网络支付创新劳动的报酬是创新发生的阶段性报酬,属于创新网络的可控范围。创新网络的存在需要建立"小核心"的创新组织与"大集成"的生产性企业,能快速有效地生成创新价值与转化创新成果。

五是创新劳动的创新网络行为与市场行为选择策略成为影响一体化科技协同创新发展演化的推动力。在市场经济时代,创新劳动在创新网络与市场中寻求收益最大化。创新劳动在创新网络与市场的选择互动中形成了我国一体化科技协同创新的四个阶段:国防部门协同创新、国防科技向民用部门扩散、产业链协同创新、跨学科价值链一体化科技协同创新。每一个阶段代表着社会生产的时代特征,具有重叠性和不可逾越性。当前,我国跨部门协同创新从产业链协同创新向跨学科价值链一体化协同创新过渡,国家推出了一系列政策措施以激发创新活力,促进一体化科技协同创新高效发展,如改革政府部门科研机构的组织属性,使其成为独立经营的创新组织;制定更倾向于创新劳动的知识产权和专利权的收益分配机制,更灵活的创新劳动管理体制等。然而,政府需要全面评估我国前沿科技创新与欧美发达国家前沿科技创新的差距,分类梳理哪些属于模仿创新、哪些属于引领创新和哪些属于原始创新。不同的前沿科技创新领域需要不同的创新组织形式。例如,模仿创新需要发挥社会主义集中力量办大事的优势,快速集中创新资源实现模仿创新;引领创新需要创新网络与市场互动的协同创新模式;原始创新则属于跨学科价值链一体化科技协同创新范畴,需要建立"小核心"创新、"大集成"生产的创新模式。如果政府部门在改革科研机构时不能分类推进,势必会在事后进行大量的"纠错",造成创新缺乏与经济损失的双重不利影响。

认识和掌握一体化科技协同创新规律首先要了解一体化科技协同创新的核心问题:创新劳动如何协同互动产生创新知识。创新劳动的协同互动产生了知识耦合,创新劳动的流动创造了知识扩散。创新劳动的市场流动性需要建立起自组织性的创新网络与市场互动激励结构,成为构建一体化科技协同创新六大子体系有序发展的关键所在。本书运用马克思主义理论分析创新劳动与创新价值的生成,运用博弈论的知识构建了组织信息结构博弈模型和创新网络与市场互动的博弈模型,运用系统论和协同论的方法梳理我国一体化科技协同创新体系的构建框架。

本书基于创新劳动与知识(生产要素)的不可分离性,以知识耦合与扩散为立题,以创新劳动受创新市场和创新网络影响行为选择策略为破题,研究创新劳动在创新市场和创新网络中的流动对一体化科技协同创新价值生成与创新成果转化的影响,论证何种市场与网络互动关系更能促进一体化科技协同创新目标的实现。

本书共有7章:第1章和第2章提出研究的总体思路、研究方法及研究框架;第3章略述了一体化科技协同创新发展现状,界定了一体化科技协同创新的范围、特征、存在问题及原因等,给出一体化科技协同创新的动力因素及运行方式;第4章分别从制度建设、组织结构和市场运行三个方面,研究美国一体化科技协同创新体系建设,分析创新劳动行为选择激励效果;第5章通过分析创新劳动价值构成,运用博弈模型分析创新网络组织信息结构对一体化科技协同创新发展的影响,确定现阶段一体化科技协同创新的发展模式,发现实现创新跨越式发展的基本规律;第 6 章根据创新劳动在创新网络中的位置,比较创新网络与市场的替代关系和互补关系,分析创新网络与市场互动对创新劳动行为选择的影响,并以此为基础分析激励创新劳动互动合作的因素,形成比较完整的一体化科技协同创新效率框架,构建一体化科技协同创新保障体系;第 7 章是结论,给出更符合我国国情的一体化科技协同创新发展路径的建议。

本书认为,随着原始创新的不确定性增加,一体化科技协同创新具有历史性发展阶段的特征。当创新劳动拥有市场行为选择的权利时,一体化科技协同创新由产业链协同创新向跨学科价值链协同创新过渡,创新劳动在创新网络与市场的自由流动是推动一体化科技协同创新发展演化的主要动力,可以有效带动政府政策、市场配置创新资源和创新价值权益分配等围绕创新活动开展,激发前沿科技创新活力,降低创新劳动产生的报酬成本,建立“小核心”的创新网络与“大集成”的军工复合体企业生产模式。政府需要评估与西方发达国家前沿科技创新的差距,建立适合不同先进性的前沿科技创新体系,逐步形成一体化科技协同创新发展模式。

本书的学术创新之处:首次提出创新劳动与知识具有不可分离性,使一体化科技协同创新的组织成为一种全新的组织形式——创新网络,并以此为出发点研究创新劳动特征与创新价值的构成;厘清创新属于比较范畴,创新价值生成与创新成果转化需要紧密衔接,否则前沿科技创新的落后会导致整个国民经济生产系统的紊乱;通过构建动态博弈模型,分析组织信息结构对我国一体化科技协同创新的影响。研究发现,协调信息成本会随着组织层级结构的增加而增加,最终会改变一体化科技协同创新的组织结构,组织信息加工能力推动组织结构演化,跨部门协同创新的互动模式会从分离性向融合性发展,最终演化为一体化科技协同创新发展模式;通过研究创新劳动行为选择对一体化科技协同创新的影响,提出流动性的创新劳动市场是一体化科技协同创新发展的核心动力,是构建一体化科技协同创新的前沿科技创新评价、协同创新政策、协同创新网络、协同创新人才培养、协同创新成果转化、协同创新市场体系六大子体系的基础和动力。一体化科技协同创新的政策、资源、组织和产权制度需要围绕创新劳动的流动进行配置,其配置的有效性取决于创新劳动协同创新的新质使用价值;较为系统地研究了美国一体化科技协同创新运行机制,主要从前沿科技创新评价、协同创新政策、协同创新网络、协同创新人才培养、协同创新成果转化、协同创新市场体系六大子体系进行阐述。研究发现,美国一体化科技协同创新六大子体系协同有序发展是推动美国核心科技创新领先全球的关键所在。

本书研究的不足之处：现阶段，一体化科技协同创新是一个崭新的理论课题，现有的文献研究中没有较为成熟的理论体系作为研究的框架结构，因而在方法论上借助马克思劳动理论学说，但在与现代经济学理论相结合的部分阐述上并不充分，需要进一步扩展；一体化科技协同创新的价值生成与创新成果转化属于两个阶段，且创新成果价值转化是不断释放超常价值的过程，因而本书只是在理论角度上解释了一体化科技协同创新价值的生产过程和创新成果转化的分配激励过程，受限于数据的可获得性，没有进行实证检验；比较其他国家，美国一体化科技协同创新成果较为丰富，市场化体系较为完善，需要更详细地研究其发展演化的规律，为我国一体化科技协同创新的发展演化提供比较性经验，但受篇幅和研究能力所限，仅对美国一体化科技协同创新运行体系进行了研究，而缺乏对其发展演化和运行基本规律的研究，需要在后续研究中加以扩展和充实。

特别感谢我的导师余爱水将军对我的悉心指导。感谢中国财政科学研究院苏明教授对书稿大纲提出的修改建议。感谢中央财经大学国防经济与管理研究院陈波教授提出的研究方向。特别感谢中国人民解放军军事科学院查金路将军对书稿的审阅，并提出宝贵的修改建议。特别献给我的爱人陈亮女士，从撰写书稿到成书出版对我的陪伴与包容。感谢我的父母、岳母的爱与付出，他们陪我一起经历了学术成长之路。本书还要特别献给我的儿子陈慕林，确立研究题目时他才 8 岁，感谢他与本书一起成长。

陈建华
2023 年 12 月 31 日

目　　录

插 图 目 录

插 表 目 录

第1章 绪 论

1.1 研 究 背 景

科技是核心战斗力。党的二十大报告指出,重构现代军事力量体系,实施国防科技和武器装备重大工程,加速科技向战斗力转化,优化国防科技工业体系和布局,加强国防科技工业能力建设……要深化科技协同创新,建设好、管理好、运用好国家实验室,聚力加强自主创新、原始创新,加快推进高水平科技自立自强,为一体化科技协同创新指明了方向。现阶段,一体化科技协同创新要立足于在国防部门和民用部门实现一批具有共性、前瞻性、引领性和颠覆性的重大前沿科技成果,为科技兴军、科技强国与高水平科技自立自强提供强有力支撑。复杂国防武器装备系统研发需要建立更加开放、更加灵活、更加协同的新型创新组织,以适应创新的复杂性和不确定性。一体化科技协同创新就是要建立跨组织的创新网络,实现人力资本、技术和知识、创新资源的共享与交换,推动国防科技和民用科技的快速发展。国防部门与民用部门在创新合作方式、动力机制及创新成果转化方面保持高度的协同性,最终实现一体化科技协同创新体系。研究一体化科技协同创新价值生成、创新资源整合配置和创新政策制度保障,建立国家主导、需求牵引、市场运作的运行体系,迫切需要系统性、理论性地揭示其运行规律。

1.1.1 一体化国家战略体系和能力的必然选择

国防部门更加关注提升尖端前沿军事技术创新的能力和效率。一体化国家战略体系与能力优势的两大支柱是国防能力与经济结构。安全与生产一样,是国家生存的必需品。在和平时期,国防能力建设和经济建设发展偏废不得。国防能力建设与经济建设需要统筹协调发展,如果国防建设超过经济负担,就会影响经济结构,反过来又会影响国防建设。如果为了经济建设而抑制国防建设,国防能力就落后于他国,不能有效地迎战和止战,国家就会面临生存危险,积累的社会财富有可能顷刻被掠夺一空。国防能力是国家安全和国家处理

— 1 —

国际关系最重要的载体,国防能力建设事关国家命运,需要经济建设作为物质保障和科技创新作为技术保障。科技创新是驱动国防建设和经济建设的核心动力,科技创新催化的新兴产业是国防科技工业的重要组成部分。国防科技创新可以带动经济结构的调整,实现跨越式发展。国防建设、经济建设与科技创新三者只有协同发展,才能确保一体化国家战略体系与能力优势。

一体化科技协同创新是世界上军事大国为实现前沿科技创新比较有效的做法。美国是实践一体化科技协同创新最早的国家之一,一体化科技协同创新实践经验丰富,建立了相对完善的理论体系。美国基于国家安全战略的需要,定期发布可能改变未来战争的预测报告,引导国防科研机构和民用科研机构聚焦创新研发的前沿科技领域。第一,通过组建国家层面的战略研究部门,将国防科研机构与民用科研机构置于其中,负责前沿科技的初步探索。第二,建立学科模块化的创新价值链的制度型市场和制度型组织机构,实现一体化科技协同创新价值分配的激励机制。第三,制定完善的知识产权制度,构建专业化的中介机构促进创新成果转化,实现产业链模块化武器装备和民用产品的一体化生产。英国一体化科技协同创新的特点是协同创新目标明确,努力建成世界领先的科学强国,构建国防科研机构、民用科研机构参与协同创新的多层次、多种模式的重大项目合作计划,政府重视中小企业在一体化科技协同创新的作用,如制订了法拉第合作伙伴计划、联系合作研究计划等。日本政府采用"民掩军"的一体化科技协同创新方法。政府从事宏观指导,建立委托研究和协作研究制度,将涉及军事领域的科技创新任务分配到国内大型企业。民用部门的企业成为一体化科技协同创新的主体,将科技创新与产业发展联系起来,隐藏了巨大的军事实力。

1.1.2 赢得军事发展战略新优势的关键之举

当战争进入信息化时代,科技成为核心战斗力。科技创新能力强的国家占据着战争制胜的制高点,拥有较强的塑造现代战争形态的能力。科技让战争从实体形态转入多维空间形态,战争无处不在。实体形态的战争属于物质战争,物质战争的特点就是要尽可能地将物质转化成能量,以能量的优势获取战争的优势,如发展速度更高、更快和载弹量更大的新型运载武器装备。战争从准备阶段到进入阶段需要很长时间的物质和人员的准备,战争的胜负会随着能量优势的变化而发生转化,既消耗了大量社会财富,又会对参战人员造成身体和精神损害。多维空间形态的战争是利用信息技术优势,实现对一国经济命脉(如电力、金融、网络、太空等)的隐性控制,一旦国家战略需要,就会实施精确信息攻击,造成国家生产中断和混乱的发生,多维空间形态的战争无须准备过程,战争无处不在,战争对他国造成的损害会远远大于实体战争。科技创新,特别是信息技术与工业技术相融合的创新,成为世界各国军事竞争和科技创新的主要方向。如果国家之间在信息技术与工业技术融合创新中存在代际差,那么落后的国家将很难实现赶超,这是由信息科技创新内在规律所决定的。例如,芯片生产已发展到 2 纳米级时代,利用紫外光技术来布置晶体管,使计算机速度更快,耗能更低,但带来的技术优势将成为其他国家无法超越的技术壁垒。在实体战争中,2 纳米级芯片意味着机载设备更轻,其他设备负荷和载弹量更大,能超视距先敌发现,先发制人;在多维空间形态的战争中,芯片运算能力的提升意味着网络攻击能力更强,国家政治、经济、国防等活动将无处隐身,敌对国家战略体系与能力优势会严重丧失。

1.1.3 建设世界一流军队的重要途径

党的二十大报告指出,加快把人民军队建成世界一流军队,是全面建设社会主义现代化国家的战略要求。我国要在 2035 年建成世界一流军队,世界一流军队的标准是武器装备的模块化、信息化、智能化,坚持机械化、信息化、智能化融合发展。武器装备需要按照模块化生产,全寿命周期长、易组装与易维护。武器装备需要信息化功能,通过数据链增强各复杂武器系统的协同性和融合性,增加定向能武器的精确性。武器装备需要智能化,信息技术与工业技术的融合开创了智能武器装备的时代,无人智能操控的武器将成为未来战场的主角,会给现有操控武器的士兵带来绝对技术优势,武器装备的智能化将成为未来一流军队的检验标准。"打造强大战略威慑力量体系,增加新域新质作战力量比重,加快无人智能作战力量发展,统筹网络信息体系建设运用。"一体化科技协同创新是实现科技兴军和科技强国的必然选择。科技兴军与科技强国需要统一在生产力这个系统中,才能实现一体化科技协同创新在理论与实践的统一性、体系性、融合性。战争的残酷性和国家安全受到外部威慑造成科技在创新主体上暂时分为国防部门与民用部门,这与特定时期国防部门与民用部门对科技需求标准不一致有很大关系。国防部门要求科技创新具有前瞻性、颠覆性;民用部门根据产品在市场的竞争程度决定科技创新的努力程度,具有现时性和实用性。世界科技创新实现飞跃式发展,科技创新难度越来越大,投入的成本越来越高,创新迂回作用于生产力的过程复杂性越来越大,科技创新的不确定性也随之增加。这些压力使得国防部门和民用部门必须开展协同创新,共享创新资源,集中进行攻关,在协同创新的统一框架下实现经济建设与国防建设的融合发展。

1.1.4 重点突破带动全局发展的重要举措

2023 年 3 月 8 日,习近平总书记在出席解放军和武警部队代表团全体会议时强调,巩固提高一体化国家战略体系和能力,是党中央把握强国强军面临的新形势新任务新要求,着眼于更好统筹发展和安全、更好统筹经济建设和国防建设做出的战略部署。经济建设与国防建设要实现全要素、多领域、高效益发展,在特定时期需要通过局部区域重点突破带动全面经济建设与国防建设发展。国防科技领域的一体化科技协同创新就是重点区域。经济建设与国防建设融合发展就是要实现一种投入能实现两种产出,需要开放性的创新环境,以及市场决定资源配置的运行模式。一体化科技协同创新最需要打破部门垄断实施开放式、协同式发展。一体化科技协同创新要求开放式的创新生态环境,就是要求创新资源的基础要素要全面遵循市场化运行规律,通过市场建立起人、财、物的创新关系。在现代科技创新领域,创新劳动掌握创新所需要的知识的时间成本和经济成本较高,因此,单个创新主体只能掌握最具专业性的知识,如果想完成一项复杂武器装备或产品的创新,必须是相关专业创新劳动协同创新才能完成,建立开放式协同创新是实现一体化科技协同创新的前提条件。一体化科技协同创新开放性、协同性等特征也是经济建设与国防建设实现全要素、多领域、高效益融合发展所必须的条件。一体化科技协同创新可以成为经济建设与国防建设融合发展的试验田和先行者,为把握经济建设与国防建设融合发展提供可靠的实验依据。

1.1.5 一体化科技协同创新的理论需要进一步完善

前沿科技创新涉及的创新主体多,动员的社会资源多,创新的不确定性和风险大,协同创新的实践性先于理论。这是因为军、政、产、学、研等创新主体运行指导的理论大不相同,其制度和组织结构差异性大,利益诉求也不一致,如军方和政府需要前沿科技,产业需要应用科技创新,学校和科研机构承担的主体任务也不一样。高校是以教育和基础研究为主,是应用科技创新之母;科研机构是以科技创新为主,主要创造知识。虽然各创新主体担负着不同的创新任务,但各创新主体对科技创新发展的需求是一致的,创新主体之间会寻求对各自有利的状态与其他创新主体进行合作,特别是产业和研究机构之间合作比较紧密,高校和科研机构之间合作比较紧密,国防部门与科研机构之间合作也比较紧密。目前,我国有组织的分部门合作创新和局部科技合作创新运行还比较好,但科技创新资源比较分散,组织形式比较封闭,创新效率并不高,特别是前沿科技创新能力不足,创新成果转化比例较小,创新主体局部分割封闭的现象比较普遍。国防部门的国防前沿科技创新与民用部门的产业或企业创新合作创新频次较低且效率不高,严重影响了前沿科技创新与生产发展的循环,造成了发展国防前沿科技创新损失社会经济的现象,或为了发展社会经济迟滞了国防科技创新的周期性现象发生。这就需要在一体化科技协同创新的实践上探索一些新的规律和方法,使前沿科技探索既能满足国防需要,也能转化为实际的社会生产力。

1.2　研　究　目　的

一体化科技协同创新就是要建立一个充分流动的创新劳动市场,实施科技创新项目多元投入政策,探索和发现前沿科技创新领域的多方向突破。一体化科技协同创新的目的是在军民两大创新主体之间构建创新网络体系,形成统一的创新体系,共同发力攀登科学技术高峰,实现科学技术最强、武器装备质量最好、管理能力最优的新型军事力量。一体化科技协同创新的本质是在创新要素流动中寻求国防部门战斗力最大化原则与民用部门追求的商业化收益最大化原则之间的效能最大化。两者的共同点是,创新研发会形成技术优势的垄断性壁垒;两者的不同之处是,国防部门对研发的投入是针对武器装备的性能而非收益,具有长期效应,而民用部门对研发的投入是针对降低产品成本、改进产品质量或制造新产品,具有短期效应。国防部门追求武器装备的信息化、智能化与模块化,努力探索高新技术的创新,自然形成一种技术垄断优势。民用部门在激烈的市场竞争中逐渐发展出竞合的创新网络组织结构,形成了独特的产业集聚与规模效应,有力地保障了民用部门改进技术及提升创新的能力。国防部门为国家提供安全战略支撑,民用部门为应对激烈的国际竞争环境,都迫切需要提升创新能力,两者的共同愿景构成了一体化科技协同创新的现实实践与理论基础。

一体化科技协同创新是实现国家高水平科技自立自强战略性前沿科技创新,具有高风险和不确定性。国家主导、需求牵引和市场运作就是要建立制度型市场和制度型组织结构,促进一体化科技协同创新体系运行的良性循环。创新劳动的合作水平、物质保障、市场激励体制机制等对一体化科技协同创新有重要影响,尤其是创新劳动的行为选择策略会直接影响一体化科技协同创新的效能。本书研究的目的:首先,分析创新劳动行为选择策略——市场行为和创新网络行为,研究市场和创新网络替代与互补关系对创新劳动行为选择的影响;其次,通过分析一体化科技协同创新中的创新劳动行为选择策略,研究创新劳动在选择市场行为与创新网络行为的协同创新激励效应,分析创新劳动在选择创新网络中的协同创新动力机制;最后,创新劳动行为选择策略会给创新网络带来影响,比较分析市场自发创新网络与制度型创新组织的优势与劣势,以及其影响因素等。

1.2.1 分析一体化科技协同创新的动力与方式

我国一体化科技协同创新的主要矛盾是,创新劳动市场流动性的不充分和构建创新网络的自组织性程度不高,造成关键核心科技创新供给能力不足,不能适应国防部门与民用部门对创新的需求,即关键核心科技创新供给能力不能适应国家对科技创新需求的迫切性。一体化科技协同创新的动力来源于国家安全与经济发展建设、市场动力、组织结构动力、竞合性动力。这些动力因素共同推动了一体化科技协同创新的发展与演化。创新劳动是创新价值的来源,是一体化科技协同创新的决定性因素。政府为实现前沿科技创新目标,需要构建需求市场和一定形式的组织结构,吸引民用部门创新劳动参与国防科技创新。根据不同时期的发展要求,一体化科技协同创新分为四种模式,为了更好地创造适合创新劳动协同互动合作模式,每一种创新模式对应一定历史阶段发展特征,需要系统梳理运行动力和协同模式演化,确立适合现阶段市场与创新网络互动的一体化科技协同创新体系模式。

1.2.2 揭示一体化科技协同创新阶段性发展特征

不同时期科技和经济发展水平决定了一体化科技协同创新具有阶段性发展特征,每一阶段的特征受历史发展规律影响,展现的是国家安全压力与生产力发展对科技创新的需求。通过建立博弈论模型,比较不同时期一体化科技协同创新特征,揭示一体化科技协同创新阶段性特征内涵。在模型分析的基础上,形成一体化科技协同创新整体性历史演化机理分析,为当前一体化科技协同创新实践提供理论性指导。

1.2.3 分析一体化科技协同创新阶段性特征的影响

组织信息加工能力对组织的效率有重要影响。创新活动中需要协调大量的信息,其成本占到了科技创新成本的 2%～5%。协同信息产生的成本已经影响到了宏观的一体化科技协同创新的阶段性特征和微观的一体化科技协同创新的组织结构。创新产生的信息需要在两个维度进行协调,一是将信息编码为显性知识,创新劳动互动过程中可以共同利用显性知识;二是技术创新过程,需要创新劳动根据界面需要的技术标准,进行隐性知识的协调。组织信息加工能力直接影响一体化科技协同创新的组织结构和阶段特征,具体体现在一体化科技协同创新受经济和科技水平的约束上。组织内部的信息协调需要进一步探索,以获得组织加工信息存在的一般性规律。

1.2.4 探索创新劳动行为选择策略的影响

政府需要为一体化科技协同创新构建组织结构,即创新网络,通过建立需求方市场,提升创新资源配置效率,实现既定目标的创新成果。国防科技创新承担前沿科技创新的任务,市场自发的创新组织不能够承担起前沿科技创新的任务。在已有的创新网络,制度性安排集聚了创新资源,特别是以学科专业划分的创新劳动在创新网络中起到关键性作用。创新劳动行为选择策略会影响创新网络的结构和效率。这是因为引入市场经济运行体系后,创新网络行为选择与市场行为选择存在替代与互补功能,创新劳动拥有市场行为选择策略,根据创新网络的位置,做出对自己有利的行为选择。在创新网络中,创新劳动互动合作是一体化科技协同创新体系运行的关键,分析创新劳动市场行为与创新网络行为对一体化科技协同创新产生的影响,会为深化科技体制改革提供一些理论性参考。

1.2.5 探究一体化科技协同创新的实现路径

经济建设与国防建设融合发展最终要实现一体化科技协同创新,使市场在配置创新资源中起决定性作用,充分实现一种创新资源在国防部门与民用部门两种应用。市场配置创新资源的方式会影响创新劳动的行为选择,无论是政府建立的创新网络还是市场自主形成的创新网络,市场与创新网络的互动潜在地影响创新劳动的行为选择策略。通过建立创新网络博弈模型,分析在市场与创新网络互动中,创新劳动的行为选择策略对一体化军民协同的影响,探索具有比较优势的创新网络、市场替代与互补的一体化科技协同创新体系运行模式,并提出有利于创新劳动向一体化科技协同创新目标做出行为选择的政策分析。

1.2.6 构建一体化科技协同创新市场运行的体系

在一体化科技协同创新中,创新资源保障体系需要围绕创新劳动互动合作进行保障。例如,信息平台的建设、国家实验室、研究中心、知识产权与技术专利的权益及金融工程等建设,都会影响创新劳动的行为选择。本书在分析创新劳动的行为选择影响一体化科技协同创新效率的基础上,构建市场配置创新资源的运行体系,促进创新利益相关者向一体化科技协同创新目标聚焦,实现创新资源的合理配置。

1.3 研 究 意 义

1.3.1 理论意义

一国武器装备技术指标的领先优势不仅体现在军事实力的领先优势,还体现在综合生产力的领先优势,是全面的领先优势,而不是局部的领先优势。科技创新可以应用在国防部门的武器装备和民用部门的产品上。科技创新分成两个阶段,即科技创新的生产阶段和转化阶段。科技创新的生产阶段代表着一个国家组织科技创新的能力,是国家创新组织系统演进先进性的集中体现。科技创新从生产系统中分离出来,就代表了比生产系统组织方式更为先进的组织方式。如果按照传统的组织方式进行科技创新价值生产,就会阻碍科技创新效率和质量。科技创新成果的转化阶段代表一个国家预期生产能力——生产武器装备和产品的能力。国防能力较强的国家也一定具有较强的生产能力和潜在生产能力,特别是科技创新成果转化能力代表着潜在生产能力,如果一个国家已经具备了更高级别的武器装备科技水平,那么也就意味着拥有更强的生产能力和潜在生产能力。对于存在军事竞争的国家,科技创新的领先优势就成为技术和生产全面的领先优势。在一体化科技协同创新中,需要将科技创新价值生成与科技创新成果转化综合考虑,才能符合现实的一体化科技协同创新的发展需求。

一体化科技协同创新的意义在于军民创新主体通过资源共享、人才聚集、创新要素的充分流动,加快国防领域重大武器装备项目研发的进度,降低创新的投入成本,提高创新效率,减少创新不确定性风险,形成优质的创新资源,创造出在一段时间内领先世界的最新杀伤性武器。现代战争形态对武器装备科技含量需求增加。大型复杂国防装备研制成功的关键是一体化科技协同创新体系能力,具有基础研究、原始创新、应用工程领域等的创新研发能力。创新主体跨学科领域组成大集成模式的创新体系,其规模庞大、结构复杂、要素多元,将从简单创新体系点对点的协调转变为全信息时空的多维度协同。一体化科技协同创新可以将分部门创新系统集成于一个复杂的创新体系,降低国防装备创新研发的不确定性,协同各种不同创新主体的利益,使得创新体系最优化,形成最优设计、最优控制与最优管理,以实现国防装备的性能与效能最大化。同时,研制国防装备产生的新知识、新技术在民用部门的应用推动了经济社会的发展。一体化科技协同创新就是建立起国家经济建设与国防建设有序演进,形成军民科技创新有机协同整体发展模式。当前,协同创新理论多集中在宏观研究,如政、产、学、研互动合作等研究主题,对于创新劳动行为选择的微观分析比较少。一体化科技协同创新的核心问题是创新劳动如何在合作互动过程中生成创新价值,以及创新成果的转化。创新劳动市场和创新网络共同作用影响,需要建立起比较分析的理论基础,对创新劳动的行为选择进行分析,以此论证怎样的市场与创新网络互动关系更能促进一体化科技协同创新体系运行效能的实现。

1.3.2 实践意义

一体化科技协同创新的优势就是将分属国防部门与民用部门创新的各项优势结合起来,最大限度地通过市场配置创新资源来提升核心科技创新能力。国防部门与民用部门通过协同融为一体,共同参与国防领域重大前沿科技创新项目,通过分解成不同层级的创新模块,指定适合不同创新主体的创新任务,加速核心科技的开发与应用。民用部门利用承包的创新模块提升产品技术,开发出具备新技术、新功能的产品。同时,民用部门所拥有的优势创新资源可以快速融入国防重大前沿科技创新项目中。

一体化科技协同创新研究的实践意义主要表现在以下四个方面。

1. 一体化科技协同创新能夯实国家科技创新基础,提升高水平科技自立自强的能力。一体化科技协同创新在于利用开放式的创新代替封闭式的创新,通过国防部门与民用部门各自的创新能力形成优势互补的协同创新一体化能力,实现创新资源配置流动顺畅,提升自主创新能力。一体化科技协同创新的层级涉及经济建设与国防建设的各个领域,可以有效增强国家科技创新体系运行效能。

2. 一体化科技协同创新既增强了国防部门科技创新引领未来的预期,也提升了民用部门的产品竞争优势。国防部门对核心科技创新的巨大需求是创新发展的动力,最为先进的创新思想、科学技术在军事领域发展和应用是最快的。一体化科技协同创新,可以有效降低创新的不确定性、风险性,可以快速实现创新成果转化。一体化科技协同创新形成的网络化效应能最大化提升国防部门和民用部门的竞争优势。

3.一体化科技协同创新能打破"技术孤岛",实现重点跨越。技术研发的局部性与重复投入,以及受知识产权保密性的影响,阻碍了科学技术与社会生产的联系。一体化科技协同创新能打破国防部门与民用部门分割产生的"技术孤岛",快速实现创新扩散。同时,民用部门参与国防部门重大前期科技创新攻关项目,提供创新要素的双向流动,加速关键核心技术的创新研发效率。

4.一体化科技协同创新会打造新的创新链与产业链生态。创新链围绕产业链,改善产业结构,资金链围绕创新链,增强经济动力与活力。产业结构决定了经济发展的活力。后工业化时代,信息化与工业化充分融合形成了新的业态,围绕产业链上游产品创新、品牌创新、产业组织创新、商业模式创新的竞争也愈加激烈。产业发展的终极目标是将科学技术转化成产品的综合技术指标。围绕尖端武器装备制造的产业链可以催生更多新的业态,扩大产业结构的边界与市场规模,促进产业结构的升级与人力资本的提升。

1.4 研究对象与研究问题

1.4.1 研究对象

本书的研究对象是一体化科技协同创新。组织信息结构与创新劳动行为选择策略会影响一体化科技协同创新体系的运行效能。政府部门建立前沿科技创新组织,如一体化科技协同创新示范园区,在创新组织中实施扁平化管理,目的是加快创新劳动之间的知识和信息协调。创新网络和市场会影响创新劳动行为选择,其面临行为选择策略,会从根本上影响一体化科技协同创新价值生成与创新成果转化效能。政府在建立国家主导、需求牵引、市场运行的一体化科技协同创新运行体系,制定并实施了一系列的改革政策和措施,需要深入研究分析创新劳动行为选择策略对一体化科技协同创新体系运行的综合影响。

一体化科技协同创新需要实现两个转变:一是国防部门中的创新劳动能够参与民用部门的科技创新活动;二是民用部门中的创新劳动能够顺利地参与国防部门的科技创新活动。一体化科技协同创新需要通过市场配置创新资源,特别是涉及国防部科研机构改革,核心问题是实现创新要素在国防部门与民用部门全面流动中实现融合,即创新劳动能根据市场信息自主选择创新活动,能自愿选择参与国家主导建立的国防科技创新项目,也能选择参与民用部门创新活动。创新劳动的市场行为和创新网络行为会直接影响一体化科技协同创新体系运行效能。为了实现一体化科技协同创新,各级政府设立经济建设与国防建设融合发展示范园区,以期加快形成创新要素集聚,促进一体化科技协同创新发展。然而,如果创新劳动成为拥有自主行为选择的创新主体,创新劳动的自主选择行为就会极大地影响一体化科技协同创新体系运行效能,即创新劳动在什么情况下选择国防创新网络行为,参与国防科技创新的前沿科技创新;在什么情况下选择市场行为,参与民用部门的一般性的产品创新。

一体化科技协同创新是经济建设与国防建设的重要组成部分,是国防科技工业建设的重要推动力。局部区域改革试验带动整体发展是我国由计划经济向市场经济平稳过渡的宝贵经验。国家选定经济特区,给予发展市场经济必要的制度政策的创新,集中财政优势打造基础设施建设,进行招商引资。企业为了获得政策红利,纷纷建厂投资,迅速在沿海一带发展出产业集群。经济特区市场经济带动充分就业机会、产业技术升级,技术、资本外溢推动其他区域产业转型升级。我国推动经济建设与国防建设深度发展,需要借鉴经济特区发展经验,设立特区政策制度,集中力量打造局部创新发展高地,快速形成人才、资本、知识和技术的集聚特区,通过特区知识、技术溢出辐射经济建设与国防建设其他领域的发展。国防科技创新就是经济建设与国防建设中的局部高地,需要按照经济特区经验集中各项改革政策、资源、人才打造局部发展高地。首先,国防科技创新是国家前沿科技生成较多的部门。国防科技创新承担着国家所有领域的前沿科技,如太空、海洋、信息技术、新能源技术等。这些前沿技术成果转化能推动产业结构调整,实现国防建设和经济建设跨越式发展。其次,国防科技创新与国防工业紧密相连,能够实现创新成果的快速转化,形成新的产业标准,向民用领域溢出。最后,国防科技重大工程培养了大量的科技创新人才,在市场运行机会成本的激励下,能实现科技人才交流互动频次增加,加速知识和技术的扩散。

经济建设与国防建设融合发展要处理好整体与局部的关系,既要突出一体化科技协同创新的重要性,也要打造经济建设与国防建设所需的基础建设。一体化科技协同创新在获得足够的基础创新资源后,需要按照市场运行规律配置创新资源,国家在宏观方面规划前沿科技创新项目,给予财政、金融政策支持。经济建设与国防建设的其他领域应该一开始就建立健全市场运行体系,在完成基础资源配置后,按照国防工业新标准建立产业结构,在生产要素交易和流动中,实现经济建设和国防建设融合发展。既要突出前沿科技创新的领先性,也要整合已有的科技创新资源存量,形成创新体系的涌现功能。国家要重视重大前沿科技创新的评估预测,防范前沿科技创新失败的巨大风险。同时,国家也要重视武器装备需要的技术性能。国防部门可以通过整合已有技术,建立技术成熟度指标体系,确保科技创新与武器装备生产的衔接。一体化科技协同创新需要判断所实施科技创新技术的水平,要防止科技创新成果落地即面临落后的窘境。

1.4.2 研究问题

一体化科技协同创新的核心问题分为宏观层面与微观层面:在宏观层面,其核心问题是一体化科技协同创新发展的演化规律;在微观层面,其核心问题是构建有利于创新劳动互动合作的创新网络,构建有效的激励结构,促进创新劳动的充分流动。市场和创新网络互动会影响创新劳动的行为选择,而创新劳动的行为选择既会影响创新网络的紧密程度,也会影响市场配置创新资源的效率,最终会影响一体化科技协同创新目标的实现。

当前,我国科研机构改革的大方向是,让科研机构成为市场主体的一部分,即具有企业经营性的能力。这就要求创新劳动成为拥有自主行为的创新主体,接受市场选择,并能够自主决策参与国防部门与民用部门的创新活动,如从事国防科技创新还是民用产品创新。创新劳动拥有的市场行为选择机会,既能加强也能削弱一体化科技协同创新体系的运行效能,需要详加考量构建怎样的创新网络和市场关系,激励创新劳动互动合作向国防科技创新目标聚焦。围绕一体化科技协同创新的核心问题,以及衍生出的如阶段性特征和创新资源保障等问题进行深入探讨,以期寻求一体化科技协同创新体系运行的一般性规律。

1.5 研究方案

1.5.1 研究内容

一体化科技协同创新的核心是创新劳动互动合作创造新质使用价值。武器装备的科技水平可以反映经济建设与国防建设融合发展的水平,是衡量一体化科技协同创新的重要指标。本书从创新劳动创造新质使用价值过程出发,运用创新劳动价值理论作为分析一体化科技协同创新的理论基础,通过构建博弈模型,分析组织加工信息推动形成一体化科技协同创新历史演化的作用机理。通过构建市场与创新网络互动,分析创新劳动行为选择策略,给出一体化科技协同创新体系发展方向、深化科技体制改革的建议。

本书共 7 章,各章内容概述如下。

第 1 章,绪论。本章分别介绍了一体化科技协同创新研究的背景、目的、意义、方法,提出研究的问题,给出研究的总体思路及研究方法,明确研究内容、创新与不足。

第 2 章,文献综述与理论基础。本章为文献综述,发现相关领域研究使用的理论与方法论,对比分析提炼文献的前沿方向,发掘研究理论基础,汇总形成研究的焦点问题,提出适合本书研究的基本框架、概念辨析与理论基础,界定一体化科技协同创新的概念及本研究应用的理论。

第 3 章,一体化科技协同创新的现状与问题。本章略述一体化科技协同创新的发展现状,界定一体化科技协同创新的范围、特征、存在问题、原因和后果等,给出一体化科技协同创新的动力因素及运行方式。

第 4 章,美国一体化科技协同创新。本章分别从制度建设、组织结构和市场运行三个方面,研究美国一体化科技协同创新体系建设,分析创新劳动行为选择激励效果,给出更符合我国一体化科技协同创新发展路径的建议。

第 5 章,一体化科技协同创新动力、方式与发展演化。通过分析创新动力、方式,提出一体化科技协同创新发展演化的基本规律,应用博弈模型分析创新网络组织信息结构对一体化科技协同创新发展的影响,确定现阶段一体化科技协同创新的发展模式,发现实现跨越式发展的基本规律。

第 6 章,一体化科技协同创新网络与市场互动。根据创新劳动在创新网络中的位置,通过比较创新网络和市场的替代关系与互补关系,分析创新网络与市场互动对创新劳动行为选择的影响,以此为基础分析激励创新劳动互动合作的因素,构建比较完整的一体化科技协同创新体系运行模式框架。

第 7 章,结论与政策建议。一体化科技协同创新体系建设是一个体系工程,需要有体系建设的思维。本书深入探讨了我国一体化科技协同创新实践工作面临的三个核心议题:一体化科技协同创新的价值形成过程、一体化科技协同创新成果转化与分配、一体化科技协同创新的组织演化,以此为论证的基础,得出了一些基本结论。

1.5.2 技术路线

本书从研究背景、目的和意义入手,提出一体化科技协同创新核心问题;根据文献综述,明确以习近平强军思想为指导,以马克思主义政治经济学、博弈论、系统论、网络理论等作为理论支撑;通过研究一体化科技协同创新体系运行规律,研究创新劳动价值构成、创新劳动行为选择策略,以及分析创新劳动进入、退出、激励机制,阐释一体化科技协同创新形式与内容相统一的运行规律;研究美国一体化科技协同创新运行规律,给出我国一体化科技协同创新体系运行模式的参考建议;通过分析一体化科技协同创新网络与市场互动,了解一体化科技协同创新体系运行效能;最后对全文进行总结。本书的研究技术路线图如图1-1所示。

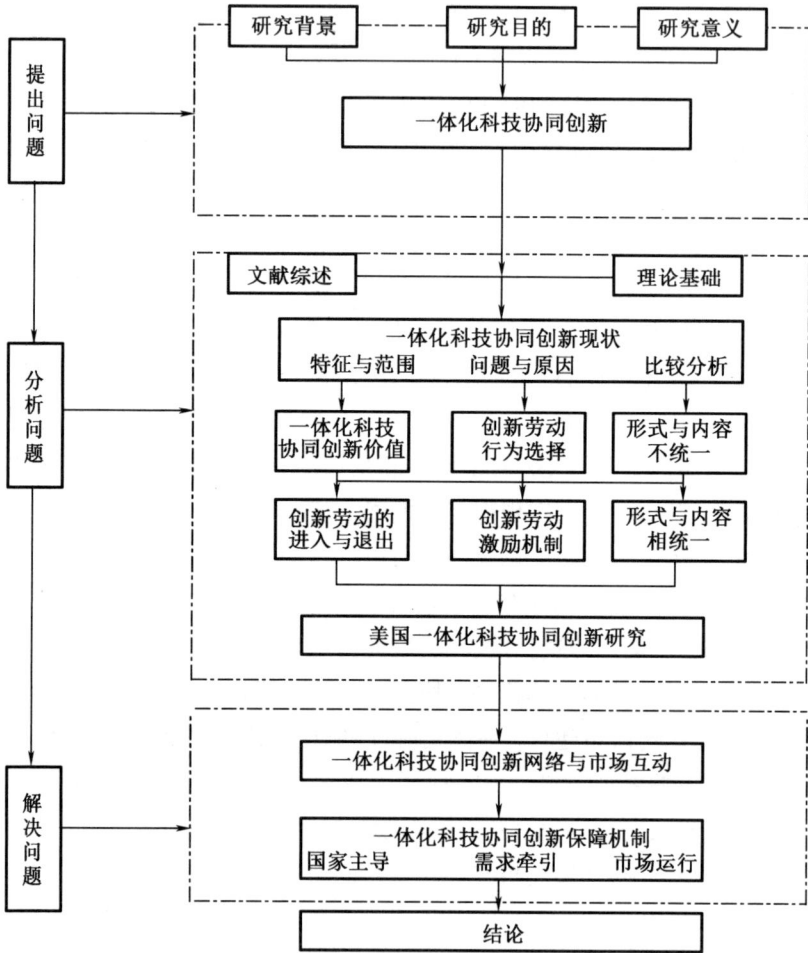

图1-1　研究技术路线图

1.5.3　研究方法

一体化科技协同创新涉及跨学科、跨部门协同,需要用多种方法进行分析研究。

1. 文献分析法

主要通过梳理文献,给出一体化科技协同创新的一般性概念和普遍使用的理论方法,为本书寻求理论支撑。

2. 比较历史分析法

一体化科技协同创新具有阶段性特征,需要研究我国各个历史时期一体化科技协同创新的成因,定位现阶段一体化科技协同创新所处阶段及未来发展方向。

3. 创新劳动价值论

一体化科技协同创新的主体是创新劳动,其所创造的新质使用价值具有特殊性,需要对其价值构成进行分析,以确定一体化科技协同创新的动力机制与合作方式。

4. 网络分析方法

创新劳动的行为选择策略对一体化科技协同创新体系运行模式起到关键性作用。创新劳动在网络中的位置决定了创新劳动的行为选择。创新劳动拥有市场选择的自主权会增大个人收益,但负外部性有可能削弱一体化科技协同创新体系运行效能。

5. 博弈论分析方法

一体化科技协同创新的阶段特征、创新网络与市场互动、创新劳动的行为选择策略等可以用博弈方法进行分析。

1.6　主要创新与不足

1.6.1　主要创新

1. 通过构建动态博弈模型,分析组织信息结构对我国一体化科技协同创新的影响。研究发现,协调信息成本会随着组织层级结构的增加而增加,最终改变一体化科技协同创新的组织结构,组织信息加工能力推动组织结构演化,国防部门与民用部门协同创新的互动模式会从分离性向融合性发展,最终演化为一体化科技协同创新发展模式。

2. 通过研究创新劳动行为选择对一体化科技协同创新的影响,提出流动性的创新劳动市场是一体化科技协同创新发展的核心动力,是构建一体化科技协同创新的前沿科技创新评价、协同创新政策、协同创新网络、协同创新人才培养、协同创新成果转化、协同创新市场体系的基础和动力。一体化科技协同创新的政策、资源、组织和产权制度需要围绕创新劳动创造新质使用价值方向进行配置，取决于创新劳动协同创造的新质使用价值转化及价值分配。

3. 系统研究了美国一体化科技协同创新的运行模式，主要从前沿科技创新评价、协同创新政策、协同创新网络、协同创新人才培养、协同创新成果转化、协同创新市场体系六大子体系进行阐述。研究发现，美国一体化科技协同创新六大子体系协同有序发展是推动美国核心科技创新领先全球的关键所在。对我国的启示是，通过建立基础性的国家实验室和创新研发中心，构建流动性的创新劳动市场，市场配置创新资源需围绕创新劳动流动过程中产生的协同创新价值，以此实现我国一体化科技协同创新六大子体系协同有序发展。

1.6.2 研究不足

1. 现阶段，一体化科技协同创新是一个崭新的理论课题，现有的文献研究中没有较为成熟的理论体系作为研究的框架和支撑，因而在方法论上充分运用马克思的劳动理论学说，但在现代经济学理论相结合的阐述上并不充分，需要进一步扩展。

2. 一体化科技协同创新的价值生成与创新成果转化属于两个阶段，且创新成果转化是不断释放超常价值的过程，因而本书只是从理论角度解释了一体化科技协同创新价值生成过程与创新成果转化分配激励体制机制，受限于数据的可获得性，没有进行实证检验。

3. 比较其他国家，美国一体化科技协同创新成果最为丰富，市场化体系较为完善，需要更为详细地研究其发展演化规律，为我国一体化科技协同创新的发展演化提供比较性经验。但受篇幅与研究能力限制，只对美国一体化科技协同创新运行体系进行了研究，缺乏对其发展演化和运行基本规律较为详细的研究阐释，需要在后续研究中加以扩展和充实。

第2章　文献综述与理论基础

本章对一体化科技协同创新中的创新劳动、创新劳动价值、创新网络等概念进行界定,明确本书整体论述的概念基础和理论渊源,围绕创新劳动行为选择、创新价值生成与创新网络的组织结构,阐述一体化科技协同创新的概念生成与演化。文献综述围绕一体化科技协同创新动态变化特征,比较分析国家间一体化科技协同创新的发展趋势,重点论述一体化科技协同创新发展演化的规律,发现制约我国一体化科技协同创新的关键因素,提出本书要解决的核心问题,运用马克思主义理论、协同论、系统论、博弈论等作为一体化科技协同创新的阐释理论。

2.1　相关概念界定

创新劳动是一体化科技协同创新价值生成的源泉。创新价值是一体化科技协同创新实践的对象,创新网络是一体化科技协同创新的组织形式。本章围绕创新劳动互动协作、创新价值生成和协同创新的组织形式,构建论述我国一体化科技协同创新的整体框架,以此为出发点,分析一体化科技协同创新体系的组成、特征要素和影响因素等,为构建一体化科技协同创新体系实践提供理论支撑。

2.1.1　创新劳动

劳动创造使用价值,是武器装备技术性能和产品价值的主要源泉。创新劳动创造新质使用价值,是创新价值(知识)的唯一来源,是武器装备和产品的技术来源。创新劳动的特征、作用和运行规律影响一体化科技协同创新体系运行模式、创新价值生成与创新网络的运行规律。

创新劳动的特征是指创新劳动与知识的不可分离性,决定知识作为生产要素的生产方式与传统产品的生产方式有本质的区别。主导经济增长的知识创新是现代社会经济发展的主要变革动力,推动知识创新和技术进步既是现代企业的内在需要,也是国防部门与民用部门各个组织层面的内在需要。

一是创新劳动的特征决定一体化科技协同创新的知识生产方式。科技创新无论是应用在军事领域还是生产领域,在创新目标——知识的生产方式上并无差别,而军事领域与民用领域科技创新的差别是技术标准和能量控制的差别。例如,核能的开发最早应用于国防领域,用于制造核裂变和核聚变的原子能武器。在军事领域,原子能裂变和聚变释放的能量不受约束;而在民用领域,为了获取原子能释放能量产生的动力,原子裂变必须在约束条件下以某种速度进行,需要建立更为复杂的知识结构来创造原子裂变速度的约束条件。因而,为了控制原子裂变的速度,拥有差异性知识背景创新劳动跨学科互动协同成为创造控制能量约束条件知识的核心,即创新劳动之间的互动协同是控制原子裂变速度的新知识创造的唯一来源。知识不是简单的劳动与生产资料的技术组合,而是不同学科领域创新劳动充分互动协同创造的结果——新的知识一定具有某种技术标准的显性化。在生产领域中,机器替代劳动和劳动之间技术的同质替代,逐步弱化了劳动的作用,不断强调生产工具的技术标准,使得劳动直接作用于劳动对象的价值相对变小,劳动间接作用于劳动对象的价值相对变大,提升生产工具技术水平成为社会化生产的主要发展方向。知识的生产方式是创新劳动为实现创新目标充分互动协同的结果。为将知识进行编码,创新劳动之间需要经过充分互动协同交流,协同不同学科知识背景创新劳动的差异性与关联性,建立新的知识标准。

二是创新劳动的特征决定一体化科技协同创新体系中创新劳动之间的关系。知识的生产方式内在地要求创新劳动与知识是不可分离的,创新劳动与重复性劳动最显著的区别是创新劳动完全拥有专业知识(生产要素),而重复性劳动一般不拥有专业知识(生产要素)。产品的生产方式要求劳动与生产资料是一种技术组合,劳动与生产资料具有分离性。知识的生产方式打破了原有的产品的生产方式,知识的生产方式要求创新劳动与知识不可分离,本质上决定了创新劳动关系是互动与合作,而不是简单的劳动与生产资料的技术组合。创新劳动与知识的不可分离性决定了在创造新知识时,创新劳动之间是不可替代的,创新劳动在创新目标的实现上具有同等重要的作用。创新劳动摆脱了简单的雇佣关系,在行为上应该拥有更大的自主选择权,这决定了创新的环境是开放式创新和协同创新,如果脱离了创新的环境,创新劳动可以选择不参加创新活动或减少创新活动;创新劳动之间的关系是平等的,且重要性也是对等的,任何拥有专业知识创新劳动的缺失都会造成创新的失败;创新劳动的贡献只能在协同创新的过程中进行内部评价,不参与创新活动的任何外部评价都不能真实反映创新劳动的个体贡献。

三是创新劳动的特征决定一体化科技协同创新价值的大小。创新劳动需要在前沿科技创新领域开展创新活动,在更高层面上实现创新价值。劳动的特征是创造和使用生产工具、分工协作和社会化生产。劳动主动改善生产环境和扩大生产能力,需要不断创造新的生产工具。生产工具蕴含的技术从简单到复杂,是技术进步逐步演化的结果。劳动工具是创新的主要内容之一,在劳动中占有重要地位。首先,为了改善创新环境,创新劳动需要对知识性含量高的生产资料进行创造,才能创造出更多的知识。其次,知识的耦合性决定创新劳动与专业知识的广化与深化,影响开展创新活动的层次,需要借助于更加完备的社会力量来培养创新劳动,创新劳动的专业化分工协作提升了创新价值。最后,创新劳动充分流动是一体化科技协同创新价值生成的基础。创新产生的知识需要进行扩散,创新目标完成后,创新劳动需要重新选择新的创新目标,与不同专业背景的创新劳动进行合作,既促进了知识的扩散,也增加了创新(知识耦合)的可能性,实现了创新劳动在市场流动中创新能力的累积。

2.1.2 创新劳动价值

创新劳动价值是创新劳动创造的新质使用价值,具体表现为武器装备和产品的技术水平。创新劳动价值具有综合的比较性。一国武器装备的技术领先优势不仅反映了该国的国防能力,也反映了该国的社会生产能力。武器装备技术领先优势是一个国家国防科技创新能力的直接体现。在现代战争中,武器装备的技术性能决定了战争形态,技术优势会对他国形成决定性的军事战略威慑能力,占据迎战和止战的主动性。武器装备的技术优势是一国致力于实现国防科技创新自主化长期累积的结果,集聚了该国大部分创新要素。国防科技创新体系的历史发展过程形成了国防科技创新价值链,在协同创新和创新成果转化方面积累了大量的经验。创新劳动的创新能力代表着社会综合生产力的水平。在社会生产领域中,创新劳动创造的新质使用价值需要经过二次转化或多次转化才能实现正常价值。如果创新劳动价值不能得到有效转化,不仅不会促进社会生产力的发展,反而会因为巨额投入影响社会生产力的发展。在武器装备生产方面,创新劳动价值的转化能力决定着武器生产的效率和技术优势。创新劳动价值如果没有有效途径进行转化,也不能有效作用于武器装备和民用产品。

创新劳动价值将一体化科技协同创新的价值与目标统一起来。科技创新能有效提升国防能力,也能提升社会生产能力。在特定历史条件下,创新劳动稀缺、知识性含量高的生产资料较为匮乏,造成国防科技创新与民用科技创新暂时性分离。随着国家对创新劳动培养投入的增多和知识性含量高的生产资料的丰富,国防科技创新与民用科技创新需要协同发展,科技创新在实现国防能力和生产力方面具有统一性、融合性。创新劳动价值具有超常性。创新劳动价值的实现能极大地提升国防能力和社会生产力。国防科技的公共属性决定了政府在一体化科技协同创新的关键作用。创新劳动价值的超常性会呈几何倍数的形式转化为正常价值,如互联网最初来自美国军方内部信息沟通,在转化为民用后,释放的超常价值改变了整个社会生产系统。创新劳动价值的超常性影响一体化科技协同创新过程,无论是国防科技创新领域的突破还是民用科技创新领域的突破都会反馈在国防能力和社会生产力上。创新劳动价值的超常性更加强调基础研究、原始创新。一个国家创新劳动价值超常性通常具有"锁定效应",在民用部门会形成知识产权和专利技术的垄断性,给后发国家创新带来技术壁垒;如果国防科技创新成果没有向民用领域进行转化,国防部门就会形成极大的沉没成本,难以有足够的资本支持国防科技创新。创新劳动价值的超常性决定政府部门是一体化科技协同创新的间接受益者。政府部门是创新资源投资的主要主体,政府部门投资主要来自产品企业的税收,而不来源于对创新企业的征税。创新劳动价值的超常性会扩大社会产品的多样性,增加社会福利。政府部门只需通过获取间接的创新劳动价值转化收益,就能满足不断增加的政府创新投入。政府部门可以通过制定公共政策引导社会资本向前沿科技创新领域投入,吸引创新要素的集聚,为一体化科技协同创新创造制度性环境、公共政策环境、创新生态环境。

2.1.3 创新网络

创新网络是拥有专业知识背景的创新劳动自愿组成的网络结构,能够主动搜寻匹配政府设立的创新项目或市场中的创新项目。创新网络是一体化科技协同创新的基础组织形式。一体化科技协同创新受创新劳动的特征影响,由组织协同创新资源向市场配置创新资源转变。创新过程的复杂性与创新成果转化的艰巨性影响创新劳动与创新价值相统一的过程,创新劳动需要围绕创新价值开展创新活动,创新价值需要与创新劳动的努力程度相匹配。企业组织中的劳动与生产资料的分离不能适应创新劳动与知识(生产要素)不可分离的要求,需要按照创新劳动与知识(生产要素)相统一的要求建立创新组织——创新网络,协同不同专业知识背景的创新劳动,创造新质使用价值,并在创新网络内确定创新劳动价值的分配。

创新网络具有开放性与协同性的特征,能有效构建流动性的创新劳动市场。创新的特征要求创新的组织形式具有开放性、协同性的特征,开放性的创新网络能构建流动性的创新劳动市场,创新资源依据创新劳动的流动方向进行市场配置。创新活动呈现周期性,小的层面上的创新项目完成后,创新网络会自动解散,原网络内的创新劳动会重新寻找新的创新项目,再结成新的创新网络;大的层面上的前沿科技创新,创新网络的动态调整会发现创新机会,促进前沿科技创新概念和价值生成,以及创新成果转化。创新网络是依据创新目标动态构建的,在创新网络内部,创新劳动之间的网络关系是依据知识耦合性确定的。这就使得创新网络在组织运行规律上具有协同性的特征,即在创新网络内部创新劳动互动协同及创新劳动的行为选择策略成为影响创新目标实现的关键因素。跨学科的前沿科技创新是当代科技创新的主要特征。流动性的创新劳动市场能有效形成创新扩散与创新机会。创新劳动与知识的不可分离性要求跨学科前沿科技创新只能依靠创新劳动互动协同,创新劳动的互动协同是实现前沿科技创新的唯一动力因素。封闭式的创新组织将创新劳动固定在组织内,随着创新项目的完成,创新劳动之间的知识差异逐渐消除,知识的耦合性降低,会削弱创新劳动的创新能力。流动性的创新劳动市场能增加创新机会的发现,快速构建起新的创新网络。

创新网络能甄别创新劳动的创新能力,并根据创新能力确定创新价值分配。前沿科技创新是一个复杂的创新体系,会分解成子系统创新模块,创新模块之间的界面需要相关联的创新劳动之间形成有效的知识耦合。创新劳动为实现创新模块界面知识耦合性,会甄别其他创新劳动的创新能力,通过协商确定各自创新的范围和创新的努力方向。在复杂武器装备系统中,明确子系统创新界面后,国防部门可以通过公开创新模块界面技术标准,在市场中组建“背靠背”式的竞争性创新网络。竞争性创新网络会加速科技创新的效率,为国防部门提供多种选择的可能性。创新劳动价值的超常性会弥补市场中同质性创新网络竞争造成的社会福利损失。面临失败的创新网络会获得政府固定的财税补贴。同时,市场风险投资也会承担创新失败产生的损失,具体应该由政府承担还是市场承担,要依据创新目标的公共性来决定。如果创新目标的公共性价值较大,就应该由政府承担创新失败的损失;如果创新目标的私有性较大,就应该由风险投资来承担创新失败的损失,政府可根据创新潜在价值给予补贴。

基于创新劳动、创新劳动价值和创新网络的概念特征,一体化科技协同创新的定义是:政府围绕国防和民用科技创新价值目标,建立属于公共范畴的知识含量高的国家实验室和创新研发中心,在微观层面构建流动性的创新劳动市场,不同专业知识背景的创新劳动根据创新价值目标进行选择,组建创新网络。市场配置创新资源要围绕创新劳动创造新质使用价值的方向。在宏观层面,政府创造创新生态环境,激励市场形成"小核心"的创新网络和"大集成"的创新成果转化产业链,逐步提升一体化科技协同创新体系的效率与质量,形成创新价值生成和创新成果转化良性循环发展的一体化科技协同创新体系。

2.2　文　献　综　述

　　一体化科技协同创新是国防科技创新的新的组织形式,预示着国防科技创新在组织形式方面的重大改革,即从政府行政计划管理创新要素集聚向市场配置创新要素转变,从封闭的国防部门科技创新转变为全社会前沿科技协同创新,重点是实现前沿科技创新在国防重大项目的应用。创新的组织形式变革,意味着一体化科技协同创新的效率和质量要优于传统的国防部门科技创新的组织形式。一体化科技协同创新要求前沿科技创新评价、协同创新政策、协同创新网络、协同创新人才培养、协同创新成果转化、协同创新市场体系六大子体系能够全面协同发展,形成高效有序的一体化科技协同创新体系。当前,我国一体化科技协同创新无论在理论研究还是实践探索方面缺乏可比较的理论和实践经验,一体化科技协同创新运行模式还处于初级探索阶段。我国国防科技创新发展遵循国家科技创新历史发展过程,传统的政府行政计划管理的国防部门科技创新发展模式取得了巨大的国防科技成就,如"两弹一星"工程中提出"大协同"思想,在具体实施上实行"两总指挥"路线——总指挥与总设计师并行的协同创新模式,在创新资源匮乏的年代,能快速有效地组织起创新资源与创新人才,在较短的时间内完成了"两弹一星"的尖端国防科技工程。既然传统的国防科技创新模式在协同创新效率和质量方面能取得如此大的成就,那么科技协同创新模式的转变预示着传统的国防科技创新模式的协同创新效率和质量遇到了瓶颈期。什么原因导致传统的政府行政计划管理的国防科技创新模式不能适应国防科技创新的要求?或者说对比传统国防科技创新模式,一体化科技协同创新模式的优势有哪些?这些优势是怎样形成的?其运行规律是什么?回答这些问题需要总结之前国防科技创新的理论和实践经验,构建解决当前制约我国一体化科技协同创新主要问题的理论分析和应用框架。

2.2.1　协同创新

　　协同创新是创新的组织形式,可以跨学科、跨部门协同创新劳动的创新活动,实现创新资源的集聚和分配,构建有效的激励结构,促进创新体系的效率和质量。自从阿罗对技术进步做出了有价值的分析后,关注熊彼特式创新、协同创新领域研究的经济学、管理学学者们或多或少受到阿罗研究的影响。跨学科、跨部门协同创新使产业内部创新与外部协同创新成为研究重点。

1. 从协同创新研究的概念角度来看,基于创新功能需求差异,不同学者所得出的协同创新的概念也有明显的区别。陈劲是较早研究协同创新的学者,对协同创新的认识是基于彼得·克劳尔的概念"协同创新是网络内成员组成的集体,借助平台交流创新思想、信息及工作状况,合作实现共同目标",认为协同创新是资源优化配置实现整体协同效应,不同的创新主体之间能够实现较好的合作。王金萍等在研究美国科技协同创新的基础上认为,协同创新是基于特定科技发展目标,各创新主体在凝聚共识、集体合作、协同用力、共同促进科技创新发展的过程中形成的有机体系及其运行模式。杜兰英等认为协同创新体系是创新要素各群体间互相合作与创新,通过企业与其利益相关者的资源互补来提升自身的创新研发能力。吕静等学者认为协同创新是指集群创新企业与集群外的创新环境之间互动的关系,既存在与其他同质性企业创新竞争,又会呈现相互协同合作创新,是非线性的复杂的协同创新组织过程。从研究的现状来看,协同创新的概念多数集中在企业层面的互动合作创新,创新主体围绕既定的创新目标开展创新活动,强调创新要素的集聚、共享、互补等,企业层面互动合作创新随着信息和知识经济的发展呈现多样化、多部门协作。协同创新概念的演化发展是对创新劳动及创新资源配置认识深化的结果,缺少研究分析创新劳动创造新质使用价值唯一主体性相关议题。协同创新的概念表述与一般的生产组织关系的表述难以区分,使得协同创新的概念局限于企业或产业层面的研究,很难适应一体化科技协同创新宏大主题的研究,需要在概念上加以澄清。马克思研究发现:"许多人在同一生产过程中,或在不同的但互相联系的生产过程中,有计划地一起协同劳动,这种劳动形式叫作协作。"马克思认为:"一切规模较大的直接社会劳动或共同劳动,都或多或少地需要指挥,以协调个人的活动,并执行生产总体的劳动——不同于这一总体的独立器官的运动——所产生的各种一般职能。"马克思理论认为劳动是创造价值的唯一源泉,劳动的协同能创造出大于单独劳动创造价值之和。马克思认为协同劳动是一种独立的职能,不同于一般的生产总体劳动。马克思所认识的协同劳动是基于工业生产中劳动与技术组合所产生的劳动分工与协作,也认识到协同劳动能促发科技创新,扩大工业生产规模。马克思的劳动价值理论能成为指导一体化科技协同创新概念和理论的基础理论,前提是需要进一步拓展创新劳动价值的理论和实践意义。

2. 从协同创新研究的范围角度来看,协同创新的研究关注微观企业自发战略联盟式的协同创新。协同创新是创新在组织形式发生的变化,企业为应对创新的不确定性和沉没成本,在产品研发中实施同质竞争性企业或非同质企业之间联合协同创新。创新总是试图打破旧有的边界来改变现有的状态,如确立竞争优势,保持技术进步。企业间的创新研发合作越来越成为企业战略中的核心组成部分。战略联盟理论认为企业通过组建研发联盟实现企业间的协同创新,共同探索新技术。德里·费墨等认为研发联盟面临机会主义行为风险和高协同成本,但正式的协同治理机制可能阻碍探索新技术的路径,他们提出替代性战略:维持异质性的嵌入的关系;权衡正式的和相关性治理,强调纵向型、多层次研究和企业间协同不同治理机制动态性的重要性。马奇的成本理论认为,开发新技术充满着不确定性,既耗时且费用昂贵,企业倾向于与外部参与者签订契约协议。勒内德等认为,最初的公司战略框架开发了一般性的匹配公司目标和环境的竞争性战略的概念。战略匹配成为公司战略最重要的基础性概念。格兰特发现了战略联盟的一般性收益。产业经济中的战略联盟可能服务于协同公司的利益机制,这既是明确的,也是减少敌对的竞争。协同创新会改变市场结构与研发效率。有效的上游协同意味着保持下游共谋有用,因为彼此的收益来自研发或产品迭代,竞争性降低了下游市场的价格。卡布拉尔等认为,只要协同创新企业的数量相对于市场总量较小,协同创新实际上加强了市场竞争。邓肯阐述了想要较高的产业收益,水平联合是普遍采用的协同形式。哈格多思的研究发现技术的互补性是唯一激励协同创新的要素。吴延兵、米增渝运用非国有企业调研数据,考察独立创新、合作创新和模仿创新三种产品开发模式对企业技术效率的影响发现,合作创新企业的效率最高,模仿创新企业的效率次之,独立创新企业的效率再次之。他们认为创造有利的外部环境和有效的激励机制,促进合作创新模式的深化和推广,是推动经济增长方式转型和建设创新型国家的重要举措,提高产业竞争水平可以增加公司激励以协同性地减少竞争压力或获得竞争优势。墨钱特和申德尔证实产业集中的强度对协同创新有正向影响。

3. 从协同创新研究的经济效率来看,产业链或价值链是协同创新研究的主要课题之一。围绕产业链创新,企业合作创新是研究的重要内容,这种合作包括研究联合体、合资企业、战略联盟和转包合同。王明辉构建了基于产业链的纵向协同创新模式识别模型,识别出默会知识内生协同创新模式、知识外购协同创新模式、技术共同占有协同创新模式和技术交易创新模式,为产业链创新提供了协同创新依据。潘凡峰等认为产业总部集聚能推进跨区域产业价值链协同创新,探讨了实现产业价值链协同创新的方式、发展路径等。曾祥炎等从价值链创新与协同创新关系的角度,对基于价值创新链的协同创新阶段演化进行了分析,认为协同创新能帮助企业实现"弯道超车",取得产业价值链控制权,价值创新链协同创新能提升产业链的价值。哈迪·法拉格开发和实证测试了一项协同创新价值驱动的综合动态模型,揭示了生物企业价值链协同创新的特征,如契约的灵活性价值、环境不确定影响、协同创新价值链演化等。布朗验证了企业创新效率和产业价值链位置之间的关系,研究发现创新收益的适用性与内生性企业异质性之间的关系。

4. 从协同创新研究的国家创新体系来看,研究主要集中在政、产、学与研的协同创新层面。汉格多尔在1960—1998年通过调查研究发现,始于20世纪70年代晚期的研发合作急剧增长,并一直持续到现在。美国国家科学研究委员会对美国11个产业进行评估,观察到每个产业部门在新产品和新工艺的研发过程中,都对外来研发资源,尤其是大学、联合体和政府实验室产生越来越强的依赖,而在国外竞争者与消费者之间,则存在越来越多的合作。其他调查也指出组织间研发领域的合作集中化程度显著提高,如美国国家科学基金会的数据显示,在1980—1994年,美国和西欧诸国之间组建国际联盟的次数显著增多。在20世纪90年代中期,美国企业在新技术发展领域与国内竞争者之间的合作概率超过了国际合作。希克斯和卡茨发现,自然科学领域的研究组织横跨大学、政府和产业。分布网络成为技术团体组织基础,表明知识分布更加分散,管理机制开始将分散的知识协调组织起来。复杂多技术制造的产品和技术组合的联结,需要部门间或产业间进行协同创新。申哈和霍布戴提出了各种技术机构联结共用技术的概念体系。哈迪·法拉格认为,技术产品由各自的复杂性和系统层次加以区分,一个技术性杰作不仅是各部分组件的构成,还是通过协同各种复杂多组件、子系统集成于总的超级系统。李东等认为由高校、企业及科研机构等共同组建的合作创新载体,其创新成果的价值需要经过市场筛选衡量。傅晓霞等研究发现,企业主要通过与开放程度、人力资本等因素共同作用影响企业研发决策。张鹏等研究了政产学研协同创新的演化路径,将资金、知识和技术作为产业化的重要因素,提出政府在政产学研协同创新的作用。李阳的研究揭示了"政产学研用"协同创新提升企业竞争力的动态演化过程。

2.2.2　一体化科技协同创新

一体化科技协同创新目标——前沿科技创新,无论是由国防部门先创造还是由民用领域先创造,都能直接或潜在地应用于国防领域。学者们普遍认为协同创新的发展过程不是在同一层面上连续发展的结果,而是非连续、超常规、跃进式发展的结果;协同创新不仅包含技术创新,还包括新观点、新概念、新思想、新理论、新方法、新发现和新假设等。钱学森的国防科技创新系统论思想是我国一体化科技协同创新的实践理论基础。他认为,国防科技创新分工是前提,在一切规模较大的工程技术中,都有"总体",都有协调问题。协同创新的问题是怎样在最短的时间内,以最少的人力、物力和投资,最有效地利用科学技术的最新成就,来完成一项大型的科研工程任务。钱学森认为,研制复杂工程系统所面临的基本问题是:怎样把比较笼统的初始研制要求逐步地变为成千上万研制任务参加者的具体工作,以及怎样把这些工作最终综合成一个技术上合理、经济上合算、研制周期短、能协调运转的实际系统,并使这个系统成为它所从属的更大系统的有效组成部分。他提出在我国国防尖端科技创新部门中建立"总体设计部",来满足协同创新的需要。总体设计部由熟悉系统各方面专业知识的技术人员组成,并由知识面比较广的专家负责领导。我国一体化科技协同创新在新中国成立后的一段时期内做得比较成功。在 20 世纪 90 年代后期,信息技术的出现加速了世界范围内的创新进步,我国封闭的国防科技创新体系与前沿科技创新要求不相适应,主要体现在前沿科技创新与武器装备技术需求不相适应,前沿科技创新呈现发散状态,国防科技创新需要有更灵活的组织形式来适应创新发展变化的要求。在现代战争中,科技创新成为核心战斗力。根据有关部门统计,现在 85% 以上的现代军事核心技术同时也是民用关键技术,80% 以上的民用关键技术同样可以直接运用于军事目的。在科技发展中,对社会或国家高技术资源进行统筹规划、有效整合和综合利用,已经成为世界许多国家的共同做法。在国防科技创新的组织形式上,一体化科技协同创新需要构建创新网络,在创新技术、知识、投资与创新资源共享的基础上,创造创新劳动互动协同的生态环境,提升知识耦合与知识扩散的效率和质量。

1. 从创新劳动互动的角度,一体化科技协同创新是创新劳动的知识融合与协同互动。严海宁认为创新网络能生成创新劳动价值,推动创新劳动的分工和协作,使创新劳动得以深化与广化。创新劳动的协同互动蕴含着创新网络的价值。创新网络能创造比个体创新价值更大的价值量,即创新成果更具有市场商业化价值。刘诗白认为,创新劳动创新能力越强,相互协作的效果越好。裴小革指出,创新劳动是财富的创造者,企业应以最大的投入来保障创新劳动。我国提出建设自主创新的国家创新体系已有 30 年,自主创新能力不足仍然是我国核心科技创新面临的主要问题,原因在于还没有真正认识到创新劳动是一种具有巨大价值创造作用的新的劳动形式,创新劳动没有得到应有的回报,严重影响着人们开展创新活动的热情。创新劳动与一般劳动的区别:从创新劳动培养投入的角度来看,培养创新劳动的主要方面是知识量的积累,一般劳动的培养主要体现在生产环节技能的积累;从发挥才能的角度来看,创新劳动有创新能力,但是否有创新的意愿取决于创新环境。创新劳动需要有合适的环境,即知识含量高的生产资料,如果缺乏相应的实验设备,创新能力也得不到充分发挥。创新劳动创新能力是通过从事创新活动的创新网络逐步识别的,即创新劳动在创新网络的位置可以作为创新劳动创新能力的评判标准。市场经济的利益驱动机制和竞争机制能使创新劳动获取与创新能力匹配的物质利益。一体化科技协同创新需要确立以创新劳动价值论的马克思主义理论为指导,构建创新劳动价值分配论,形成有效的创新激励结构,使创新劳动价值与创新劳动收入相匹配。

2. 从一体化科技协同创新的组织形式研究的角度出发,创新网络是介于正式组织与非组织之间的组织形态,具有响应快、组织灵活、自愿组织等特征,是一体化科技协同创新最主要的组织形式。创新网络是当下研究协同创新的热门主题之一。网络是一种组织模式,能跨越正式组织边界促进创新资源的交换。网络形成社会资本互惠形式,承担创新挑战。创新网络形成社会资本促进协同创新的成功。安东尼奥·阿费雷和路易斯·卡玛琳-马托斯开发了测定协同网络的模型与机制:合同关系网络和技术创新研发团体网络。沃尔特·鲍威尔和斯汀·格罗达尔研究发现,在市场经济活动中,普通协同创新网络的形成是一个历史过程。网络型组织形式增加社会关系的非牢固性,扩展了潜在的有效的互动的范围,破坏传统组织性边界的安全性。在知识和信息经济时代,创新型组织寻求协同创新开发,网络方法成为企业获取竞争优势的关键因素。帕克发现公司直接和间接背景关系构成总的网络。网络特征会进一步影响联盟创新形成和绩效。谢恩等发现,网络嵌入的程度实质性地增加了额外形成的商业化数量。海亚认为网络中直接和间接节点总的数量对专利发明有正向影响。姚和麦克维尔发现嵌入性与创新有正向联系。邵亚虹、张明亲分析了经济建设与国防建设技术创新网络组织负效应及其规避措施,政府锁定效应是负效应的主要因素之一。王众托提出知识系统是以网络形式存在的,知识网络是技术网络和社会网络的集成。

创新网络能够以非线性的形式扩大创新价值,即产生 1+1>2 的协同创新效应。创新网络能激活市场配置创新资源保障创新活动的能力,使创新资源始终围绕创新价值生成方向运动,消除市场配置失灵问题,提升市场配置创新资源的效率。创新网络是一种开放性创新组织形式,创新网络具有甄别创新劳动的创新能力,能够自然选择淘汰,强化网络创新效能。创新网络与市场为创新劳动的行为选择增加了可能性,激励创新劳动努力积累知识以提升创新能力,主动适应创新环境的变化。创新网络能在创新自洽的过程中发展出创新劳动最优收益分配激励结构。知识成为经济发展的主要动力,经济发展需要知识作为生产要素来改变经济发展模式,推动产业结构升级。创新网络结构与传统的生产组织结构有本质不同,主要表现在创新劳动之间互动与合作的共有知识和专有知识之间的差异。创新劳动之间拥有较为宽泛的公共知识背景,但专有知识之间差异程度大。重复劳动拥有较少的公共知识背景,专有知识趋同性强,耦合程度不高。创新网络加强了市场创新要素之间的联系,使市场配置创新要素的路径得以清晰呈现。创新网络发展超出市场范围,更大程度地提高社会关系的紧密性。创新网络的进入成本低,创新网络内的创新劳动组织结构扁平化、组织管理成本小。创新网络外部性强,通过知识溢出对其他创新网络或市场产生正向影响,如工艺标准化、技术专利授权、知识产权出让等。开放式的学习型创新网络是向更高层次创新能力演化的动态网络。知识流动与创新劳动流动互相促进,是知识耦合与知识扩散形成的必要条件。

3. 一体化科技协同创新理论和实践内容全面扩展到国防科技创新与民用产业创新领域,是国防科技工业与民用产业科技协同创新不断演化发展的过程,既属于历史比较的范畴,也属于当下需要不断改革实践的范畴,以期在科技创新领域具有更强的竞争力。李海海等研究了美国、日本、俄罗斯和以色列军民协同创新的实践经验,认为构建协同创新平台、推动新兴产业空间集聚等能够促进一体化科技协同创新。里昂那多等认为创新发生在各种思想的交界处,而不是某一种知识和技能基础的局限内。创新劳动在实体协同创新网络中的地位、信息和资源配置权力的优势决定了创新网络的重要性。从塞缪尔到默顿再到格兰菲特和伯特等对传统的网络理论研究表明,协同创新促使创新主体之间在信息、地位和资源方面具有比较优势。这种优势对比个体来说,会获得信息扩散、资源共享及组织学习等方面带来的收益。在技术发展迅速、知识来源分布广泛的领域,任何一家企业都不可能拥有能在所有领域内保持领先并给市场带来重大创新所必需的全部新技能。一体化科技协同创新能扩大市场规模,提升产品的品质,丰富产品的多样性。

4. 一体化科技协同创新创造的价值在于降低因缺少协同导致的高额成本。如果协同创新能力不足,就会造成国防装备复杂系统创新研发进度延期,预算成本超支。以美国为例,2009 年"美国政府问责局对美军 96 个重大国防采办项目进行审计,发现这些项目的总经费达到 1.6 万亿美元,超过预算 25%,比最初确定的交付时间平均延长了 22 个月"。加拉赫等认为设施规划与工程占总成本的 16%,实际总成本远远超过预计成本。美国国家标准与技术研究院估计,大的航空器厂商每年大约有 15 亿美元的损失是由于缺少协同造成的。协同性工程创新对开发新产品具有重要意义,是团队将协同应用于组织性产品开发的实践努力。协同创新是一种体系工程,引入并行的跨部门产品开发团队,实施创新项目管理方案。阿伯丁·格鲁布研究发现,在 130 个企业中,74%的企业将一体化和协同作为企业的战略主动性。石星等研究发现,协同紧密度与创新效率呈现倒"U"形关系。较少的紧密协同受到效率绩效的影响,如与之相关的成本、交流的摩擦和一些其他事项,而当协同成为紧密型时,这些固定成本将被稀释,摩擦可能变小,企业将在协同中获得经验。在协同参与者中,紧密的互动和紧密的核心技术知识交换起到至关重要的作用,紧密互动促进了缄默知识的转移、培养创造性问题的解决,增加非一体知识溢出的可能。马兰·盖诺夫等认为设计研究的结果可能依赖于生产的方法,两阶段协同的缺失导致资源浪费和资源配置的无序性。预先设计阶段是创新成果最多的阶段,协同创新能加快预先设计阶段的速度。在协同创新中,相关过程信息扩散在工具、手册、大脑、节点中,并且在许多案例中将来自其他学科的程序编码融入"硬性联结"的假设中。协同创新可能受到已知案例的约束,因为设计来源于现有的配置,计算编码的含义模糊。创新、增长和生产率的提高不是来自知识密集型的工作,而是源自解决问题过程中开发新观念,联合寻找解决方案,推动知识一体化与综合化。奎因认为,具有有效公司战略的企业组织越来越依靠智力资源的开发和部署,而不依靠物质资产管理:"企业会偏离对财务和物质资产的监督和部署,而转向对人的技能和知识基础的关联,即企业内部与外部的智力管理。"卡普兰和诺顿研究了业绩评判标准,认为在信息社会中企业要获得成功必须投资智力资本。

2.2.3 文献述评

从协同创新的角度认识创新。协同创新所能实现的功能适用于国家发展需要的各个层面,创新在国防部门与民用部门需求方面具有内在的一致性,即提高武器装备或民用产品的科技含量,实现国防能力和生产力的同步提升。创新的产生,或者说是怎样组织生成创新价值,是由不同的社会环境决定的。创新价值供给方式的不同造成创新效率和创新质量存在差异性,即不同的创新组织形式造成创新效率和创新质量的根本性差异。创新在需求上表现为一致性,在供给上表现为差异性。创新的需求一致性是指对科技创新的效率和质量需求的内在一致性,需求的一致性决定了创新的内在动力。创新的供给差异性是指组织生产创新的过程具有差异性,导致不同国家创新体系产生的创新效率和创新质量有所不同,产生了创新效率和创新质量的差异。创新需求的一致性与供给的差异性使得创新拥有了比较范畴的性质,即创新是创新体系内部与外部的比较。从创新体系内部以技术进步的时序比较,只能比较创新质量的提升,并不能做出对创新效率的比较。在国家创新体系内部,协同创新更注重的是创新质量。因为存在外部性的国家间比较,所以创新的比较范畴既要注重创新的效率,也要注重创新的质量。从国家间创新体系比较,协同创新主要集中在国防科技创新与国际贸易中的产品创新。国防科技创新代表前沿科技创新与创新成果转化能力,产品创新代表新产品或新工艺提高产品市场竞争能力。一体化科技协同创新的实质是创新劳动互动合作创造新质使用价值,即在使用价值层面比较创新实现的功能所拥有的价值含量,在价值层面上比较创新价值的含量,如创新的投入与产出的比较。因为创新价值是一种超常价值,超常价值需要转化为正常价值才能做出科学的比较,所以创新价值的比较具有时序性,即当前的前沿科技创新成果转化为正常价值具有时间上的峰值过程,取决于创新成果转化为生产的能力。一体化科技协同创新的使用价值与价值的比较特征决定了协同创新的组织体系对创新效率和创新质量的影响,即一体化科技协同创新组织体系会影响创新的效率和质量。这就涉及一个国家的创新能力为什么会比另一个国家的创新能力高,什么样的一体化科技协同创新组织体系会在创新效率和创新质量方面更为有效,以及在原有的国家创新组织体系中,哪些具有协同创新的优势,哪些在协同创新方面有缺陷,应该怎样改进问题。

1. 国内外的文献从不同的角度分析和论证协同创新的重要性,在微观层面上多是论述协同创新对企业的影响,在宏观层面上论证政、产、学、研之间的协同对创新的影响。多数学者研究协同创新局限于对协同创新的论证,难以构建起一体化科技协同创新体系需要的理论框架。首先,一体化科技协同创新与一般的协同创新有本质上的差异。一般的协同创新理论多是论证产品层面的创新,创新论述的出发点多数是为实现产品功能层面的技术创新,对前沿科技创新的要求并不高。企业之间协同创新主要考虑创新成本,缺乏战略层面协同创新的考虑。一体化科技协同创新主要集中于国防核心科技创新领域,在以企业为单位的微观创新层面难以支撑起国防科技创新的需求,需要建立微观创新激励机制,满足国防科技创新的需求。其次,一般的协同创新理论把创新价值与产品价值混为一谈,认为产品价值的实现就是创新价值的实现,忽略了创新价值是一个分阶段实现的过程,即先有创新成果,再有创新成果转化。一体化科技协同创新是前沿科技创新价值生成与创新成果转化的结合体,前沿科技创新是创新价值生成的前提条件,创新成果转化是实现武器装备技术进步的结果。一体化科技协同创新是协同创新价值生成与创新成果转化的综合体,如果将两者割裂,就会导致创新劳动激励结构构建原理的缺失,会回到传统的指令性创新过程上来。最后,一般的协同创新理论过分强调间接创新要素的作用,如创新政策、中介、风险投资等只是保障协同创新的创新资源,并非直接产生创新成果,创新劳动之间的互动协同才是协同创新的直接创新要素。一般的协同创新理论并没有区分创新劳动在协同创新的核心作用,因而也就没有将创新劳动与知识含量高的生产要素及知识性生产要素加以区分。

在一体化科技协同创新中,创新劳动使用的知识含量高的生产要素属于公共产品,存在市场失灵的现象,需要根据创新环境的变化,以政府投入为主导,引导社会资本向知识性含量高的生产要素投入,如组建各类前沿科技创新的实验室、研发中心等。同时,一体化科技协同创新是周期性的创新活动,是循环有序地由低级创新向高级创新不断演进的过程,创新劳动与知识的不可分离性决定了一体化科技协同创新体系必须围绕创新劳动之间协同互动的过程进行建设,即构建以跨学科为背景的创新劳动培养体系,实现创新劳动在充分流动过程中发现一体化科技协同创新的机会和价值。创新劳动互动合作所结成的创新网络是知识经济形态的主要特征,影响着信息、知识和资本等其他创新要素的流动。政府科技创新政策规划是调节一体化科技协同创新网络的关键性因素,市场经济在配置创新要素和促进创新劳动流动中起到决定性作用。"政府是国家创新体系取得成功的关键。政府通过建立国家实验室、资助创新劳动等形式搭建不同学科和产业上下游联结的桥梁。"政府是公共创新领域的主导者和支持者,以解决市场失灵带来的公共创新效率不高的问题。创新劳动紧密联系和有效互动是国家创新体系成功的关键所在,也是一体化科技协同创新成功的保障。创新网络能生成发明、创造技术应用的新概念,将创新成果转化成新产品技术功能。一体化科技协同创新是构建一种以知识性生产要素为基础的劳动与劳动对象的关系,也就是创新劳动与知识性生产要素的内在统一性,即不可分离性,决定了一体化科技协同创新是一种新型的生产关系,即知识的生产与一般的产品生产有本质的区别,是一般性生产资料与知识性生产资料的本质区别。在产品生产中,生产资料与劳动的分离是实现资本生产与再生产的主要动力。现代产权制度可以使所有权与经营权分离,实质是生产资料与所有者的分离,即劳动与生产资料的分离,这种分离是暂时性的,造成了以资本增值为目的的生产力与生产关系不可调和的矛盾。资本代表着占有生产资料所有权的形式,其实质就是资本的获益性与劳动创造的价值的分离,使得劳动始终不能获得解放,即受制于雇佣与被雇佣的被动局面。知识性生产要素与创新劳动相统一是最终解决生产力与生产关系矛盾的钥匙,即创新劳动拥有自主行为选择权,决定是参加市场创新行为还是参加创新网络行为。

2. 一体化科技协同创新体系是国家创新体系的"一体两面",具有比较范畴的特征。一体化科技协同创新需要建立针对协同创新的评价体系来评估一体化科技协同创新模式的优势与劣势。如果一个国家不建立国家间一体化科技协同创新比较体系,就难以确定现有国防科技创新能力是否能满足国防能力的需要,以及民用产品创新能力是否适合国际市场竞争。一个国家建立国家间的一体化科技协同创新比较体系,首先要确定的是一国与其他国家科学技术领域的优势和差距,特别是一国武器装备在科学技术领域的差距,以此判定哪些科技相对于其他国家具有相对和绝对优势,哪些科技创新处于劣势,从而进一步设定国家创新体系所要确立的创新目标。如果一个国家在一体化科技协同创新体系建设和创新目标设定方面总是以现有一体化科技协同创新能力强的国家为参照对象,就会陷入模仿创新过多、原始创新过少的困境。一体化科技协同创新比较的是国防科技创新的原始创新,发达国家国防科技创新设定的保密级别非常高,其他国家不可能完全了解其国防科技创新的进展,只能通过前沿科技知识的交流来推断其国防科技创新的前沿领域。一体化科技协同创新是国家之间国防科技创新能力的比较,即构建适合本国创新效率和创新质量的协同创新组织体系,使得国防科技创新能力具有更广泛的比较优势。从宏观层面讲,国家间创新体系会影响一体化科技协同创新体系的能力,国家创新体系的哪些构成因素对提高一体化科技协同创新能力来讲更为有效,主要是前沿科技的基础研究,外在化地表现为前沿科技创新的优势;从中观层面讲,一体化科技协同创新是组织体系对创新能力的影响比较,哪种创新组织结构更能有效地将不同创新要素组织起来形成合力进行协同创新,外在化地表现为比较武器装备研究与开发的创新能力,比较的是科技创新与生产体系的结合程度;从微观层面讲,一体化科技协同创新是创新劳动微观创新生态环境的比较,即创新劳动是否有意愿从事创新活动,激励创新劳动的微观创新生态环境是否符合创新劳动自身运行发展,哪些因素是促进创新劳动运行发展,哪些因素会阻碍创新劳动运行发展。一体化科技协同创新的微观、中观与宏观层面协同有序运行,能提高创新的效能,各种创新因素的累加会形成协同创新的内在动力。

3. 一体化科技协同创新在组织层面存在两种创新体系的比较,即行政计划体制的一体化科技协同创新模式与市场分散决策的一体化科技协同创新模式的比较。前一种一体化科技协同创新模式将国防科技创新视作单独的创新体系,独立于民用创新体系。市场分散决策的一体化科技协同创新模式,强调国防科技创新与民用部门科技创新实现一体化发展,建立经济建设与国防建设融合发展的军工复合型生产体系。军工复合型生产体系既拥有创新研发能力,也可依靠市场获取创新成果,并转化为生产能力。比较行政计划体制和市场分散决策的一体化科技协同创新模式,科技协同创新的组织体系差异给各个国家一体化科技协同创新带来了不一样的军事和经济发展结果。以苏联和美国为例,两个国家的一体化科技协同创新优势有一个明显的"分水岭",即某一时期苏联的一体化科技协同创新体系运行模式要比美国的更具优势,在下一个时期美国的一体化科技协同创新体系的运行模式要优于苏联的创新模式。只有全面了解具有代表性的一体化科技协同创新体系的运行模式,才能更准确地把握我国现行的一体化科技协同创新体系运行模式有哪些优势,应该怎样保持优势,又有哪些劣势,应该怎样改进劣势。苏联和美国一体化科技协同创新优势的分水岭是什么时期,造成一体化科技协同创新分水岭产生的内在因素是什么?一体化科技协同创新的时代变化节点遵循武器装备的技术指标,以及创新研发新技术所采取的协同创新方式。苏联和美国一体化科技协同创新的分水岭应该集中在武器装备领域中的重大国防科技工程事件和信息科技的重大创新事件。苏联在 1961 年发射了载人航天飞船,实现了长达 8 年的国防科技创新领先优势。直至美国在 1969 年实现载人登月,美国国防科技创新具有微弱的领先优势。20 世纪 80 年代,美国信息技术全面发展形成了对苏联科技创新的全面超越,奠定了美国科技创新的领先优势。

在 1969 年以前,苏联实施行政指令性创新计划,其产生的创新质量和创新效率要高于美国一体化科技协同创新模式。苏联时期,国防部门按照工业化生产链的技术指标分系统地设立科研机构,这些科研机构作为独立的部门存在于国防工业生产体系之外。生产武器装备的工厂只负责武器装备的生产,不负责武器装备的设计和研发,只需按照既定武器装备技术指标进行生产,不拥有科研机构。当生产过程中设计的技术指标与实际生产指标不一致时,技术工人只负责技术指标的反馈,基本上没有创新能力。这种行政指令性计划式的一体化科技协同创新模式在工业化生产过程中产生了良好的效果,极大地改进了武器装备的机械性能,提高了生产效率。如在第二次世界大战后期,苏联武器装备的技术性能和生产能力与美国相当,为苏联赢得第二次世界大战的胜利提供了强大的武器装备和技术保障能力。在美苏太空竞赛中,苏联的行政指令性一体化科技协同创新模式使得苏联先于美国实现载人飞船进入太空。在信息化时代,苏联的行政指令性创新模式反而成为一体化科技协同创新的阻碍因素。首先,行政指令性一体化科技协同创新模式限制了创新的多元化发展方向,没有发展出以数字集成电路为主的半导体芯片产业。在军备竞赛中,美国数字信息化武器装备全面领先于苏联的模拟信息机械化武器装备。其次,苏联行政指令性一体化科技协同创新模式没有形成对创新劳动有效的激励结构。苏联绝大部分创新劳动集中在指令性的创新目标,创新劳动只是围绕指令性创新目标开展工作,没有主动发现创新目标之外的创新价值。最后,行政指令性武器装备设计、创新研发与生产相互脱节,前沿科技创新无法转化为实际的经济生产能力。国家经济难以负担高昂的国防科技创新投入,导致苏联在经济上发生危机,最终导致国防科技投入不足,国家整体创新能力落后于美国。在20世纪80年代后期,苏联一体化科技协同创新模式全面落后于美国一体化科技协同创新模式,本质是苏联行政指令性的创新目标限制了创新劳动的行为选择权利,导致创新劳动只能在封闭的科研机构从事创新活动。受物质保障的限制,科研机构只能对做出重大贡献的创新劳动进行保障,缺乏有效的激励结构,创新劳动的创新活力不足,导致整个组织的创新能力退化。

在第二次世界大战前后,美国一体化科技协同创新模式也经历了类似于苏联的一体化科技协同创新模式,即政府集中设定创新目标,组建国防工业生产体系和国防科研机构,如为了研制核武器制订了"曼哈顿计划"。与苏联不同的是,第二次世界大战结束后,美国把国有军工企业和科研机构进行私有化改制,造成了美国国防科技在整体上落后于苏联。在"冷战"结束之前,美国为了与苏联进行太空军备竞赛,政府部门集中制定创新目标,通过创新政策集中创新资源,进行一体化科技协同创新活动。因而,从一体化科技协同创新模式来讲,美国与苏联一体化科技协同创新模式的组织形式基本是一样的,国防科技创新是一个较为独立的创新体系。美国与苏联一体化科技协同创新模式不同之处是,第二次世界大战后美国将国防科技创新融入国家创新体系,实施军民一体化创新战略,主要的做法是让创新劳动拥有自主行为选择机会,根据市场激励开展创新活动;苏联实行计划经济,创新劳动不具备行为选择机会,创新激励根据创新贡献来确定。在"冷战"结束后,美国迅速调整一体化科技协同创新发展模式,将国防科技创新纳入整个国家创新体系背景,实施军民一体化创新战略。在1994年,美国国会技术评估办公室发布《军民一体化的潜力评估》报告,将军民一体化定义为把国防科技工业基础同更大的民用科技工业基础结合起来,组成一个统一的国防科技工业基础的过程。在信息化时代,美国一体化科技协同创新模式呈现出独有的国防科技创新优势。美国重新合并组建大型军工企业,使得大型军工企业既能从事武器装备应用研究,也具备一定能力的基础研究。美国政府将基础研究、应用研究和工艺研究区分层次,让不同的创新主体承担不同的创新任务,如大学承担基础研究,国家实验室承担国防科技创新知识创造,大型军工企业承担应用研究和开发。美国政府部门不设立固定的科研机构,国防部门设定创新目标并予以资助,创新劳动自主选择合作者,通过市场组建创新网络,申请创新项目。创新项目完成后,创新网络就会解散,创新劳动重新进入市场,根据国防科技创新项目重新组建创新网络,开展创新活动。

比较苏联与美国一体化科技协同创新体系可以得出,行政指令性的一体化科技协同创新模式适用于创新要素匮乏的工业时代,模仿创新的比重要大于原始性创新;市场分散决策的一体化科技协同创新模式适用于创新要素丰富的信息时代,创新劳动拥有的行为选择权,适用于创新要素较多的信息时代,创新劳动可以通过自主选择结成创新网络,通过市场配置获取创新要素,形成"小核心"创新价值生成与"大集成"创新成果转化的一体化科技协同创新模式。从行政指令性的科技创新体系到创新网络与市场行为选择,创新劳动拥有完全自主的决策能力,在微观上形成创新网络,在宏观上实现武器装备子系统协同的集成创新。

近几年,人才流动与赋予科研机构和人员更大自主权成为高层文件阐述的重点内容。为了更好地激励广大科研人员的创新热情,2015年9月,中共中央办公厅、国务院办公厅印发《深化科技体制改革实施方案》,将"改进科研人员薪酬和岗位管理制度,破除人才流动的体制机制障碍,促进科研人员在事业单位与企业间合理流动",作为深化科技体制改革的重要内容之一。2019年1月,《国务院办公厅关于抓好赋予科研机构和人员更大自主权有关文件贯彻落实工作的通知》指出,"近年来,党中央、国务院聚焦完善科研管理、提升科研绩效、推进成果转化、优化分配机制等方面,先后制定出台了一系列政策文件",如《国务院关于印发实施〈中华人民共和国促进科技成果转化法〉若干规定的通知》(2015年8月)、《中共中央办公厅 国务院办公厅印发〈关于实行以增加知识价值为导向分配政策的若干意见〉的通知》(2016年7月)、《中共中央办公厅 国务院办公厅印发〈关于进一步完善中央财政科研项目资金管理等政策的若干意见〉的通知》(2016年6月)、《国务院关于优化科研管理提升科研绩效若干措施的通知》(2018年7月)、《科技部 教育部 人力资源社会保障部 中科院 工程院关于开展清理"唯论文、唯职称、唯学历、唯奖项"专项行动的通知》(2018年10月),"但在有关政策落实过程中还不同程度存在各类问题",制约了政策落实效果。此外,该文件还指出,"赋予科研单位和科研人员更大自主权、切实减轻科研人员负担,对于调动科研人员积极性、充分释放创新创造活力具有十分重要的意义",但"有的部门、地方以及科研单位没有及时修订本部门、本地方和本单位的科研管理相关制度规定,仍然按照老办法来操作……科技成果转化、薪酬激励、人员流动还受到相关规定的约束"。鉴于此情况,该文件还明确,"推动科研人员的技术路线决策权落实到位","对党中央、国务院已经出台的赋予科研单位和科研人员自主权的有关政策",要求"各地区、各部门在制定相关规定和具体办法时,要明确'赋予科研人员更大技术路线决策权''科研项目负责人可以根据项目需要,按规定自主组建科研团队,并结合项目实施进展情况进行相应调整'"。2019 年 9 月科技部印发的《关于促进新型研发机构发展的指导意见》明确提出:"新型研发机构根据科学研究、技术创新和研发服务实际需求,自主确定研发选题,动态设立调整研发单元,灵活配置科研人员、组织研发团队、调配科研设备……新型研发机构应采用市场化用人机制、薪酬制度,充分发挥市场机制在配置创新资源中的决定性作用,自主面向社会公开招聘人员,对标市场化薪酬合理确定职工工资水平,建立与创新能力和创新绩效相匹配的收入分配机制。"

通过对以上文件的梳理,可以总结出关于赋予科研机构与人员更大自主权的几方面政策支持:一是文件出台的行政级别之高、密度之大,是党中央、国务院、科技部会同其他各部委在制定政策文件中少有的,说明国家创新体系在系统性建设中遇到了瓶颈性问题;二是每份文件都强调了人才流动与赋予科研机构与人员更大自主权,是深化科技体制改革、推动科技自主创新的关键内容之一,在政府内部形成了重要共识;三是每份文件以政策指导与具体操作并行的方式,细化破除阻碍人才流动、赋予科研机构与人员更大自主权的各种行政体制壁垒,有助于进一步发挥科研机构与人员自主创新、形成创新的组织形式——创新网络,推动市场在配置创新资源中起决定性作用。

一体化科技协同创新在宏观、中观与微观三个层次的比较,国家创新体系时代特征影响一体化科技协同创新始终处于动态变化的过程,赋予一体化科技协同创新从形式到内容时代变化的特征,即一体化科技协同创新的概念需符合创新的时代变化特征。在工业化时代,一体化科技协同创新的概念可以定义为:政府部门利用计划方式设定国防科技创新目标,根据国防工业生产链分布特征组建科研机构,利用行政手段集中配置创新资源,形成较为有序的国防科技创新发展模式。在信息化时代,一体化科技协同创新的概念可以定义为:政府部门构建多元化创新项目资助的激励结构,设定和资助前沿科技创新项目,公开向市场招标,组建开放性的拥有知识含量高的科技创新设备的国家实验室,委托大学、军工企业和非营利机构管理实验室,构建充分流动的创新劳动市场,创新劳动拥有完全自主的市场行为和创新网络行为选择策略,自愿组建创新网络,互动协同完成创新项目。创新劳动的创新能力通过创新项目完成情况实现了甄别,进一步提升创新劳动的创新能力。

根据我国国家创新体系建设环境,适合我国一体化科技协同创新的定义:在既有的落后的前沿科技创新领域,涉及国家安全的模仿性创新,仍需要建立行政指令性创新目标,通过政府的组织功能快速实现创新资源的集聚与配置,在较短的时间内实现前沿科技创新的追赶;在涉及基础研究、原始创新目标时,建立创新劳动市场配置资源,形成有效激励结构,促进创新劳动自愿结成创新网络,开展创新活动;在武器装备技术性能达到与发达国家先进武器装备技术性能相当的情况下,全面实施军民一体化协同创新,建立信息时代一体化科技协同创新模式,构建充分流动的创新劳动市场,创新劳动能自愿组建创新网络实现国防部门和民用部门所需的创新目标。在原始型的创新活动中,政府要明确大学、国家实验室和军工企业各自担负的创新任务。大学承担基础研究,国家实验室负责创造知识,军工企业负责创新成果集成和转化等。政府提供含有知识含量高的生产资料——科研设备,实施税收优惠计划,设定面向市场公开竞争的创新目标计划等。创新劳动市场形成有效激励结构,引导创新资源向创新价值方向流动。政府和市场要进一步引导创新劳动分工,建立起金融风险投资和高质量的中介咨询机构。

2.3　理 论 基 础

本书的理论分析依据来源于习近平经济思想与强军思想中有关科技创新的重要论述、马克思主义经济学原理、系统论、协同理论和合作博弈理论等理论。

2.3.1　习近平经济思想与强军思想中有关科技创新的重要论述

战斗力生成的源泉是科技创新。创新驱动发展战略是经济建设与国防建设融合发展的动力源泉。近5年来,党和国家的重大会议反复强调科技创新的重要性。习近平经济思想与强军思想中有关科技创新的重要论述为一体化科技协同创新提供了根本遵循,经济建设与国防建设融合发展为一体化科技协同创新提供保障,一体化科技协同创新推动经济建设与国防建设的融合发展。习近平在十二届全国人大三次会议解放军代表团全体会议上强调,要强化改革创新,着力解决制约军民融合发展的体制性障碍、结构性矛盾、政策性问题,努力形成统一领导、军地协调、顺畅高效的组织管理体系,国家主导、需求牵引、市场运作相统一的工作运行体系,系统完备、衔接配套、有效激励的政策制度体系。在一体化科技协同创新中,坚持军用技术和民用技术、部队人才和地方人才兼容发展的指导思想,形成全要素、多领域、高效益的经济建设与国防建设深度融合发展格局。经济建设与国防建设融合发展是一体化国家战略体系与能力的基础与保障。习近平强调,"把经济建设与国防建设发展上升为一体化国家战略体系与能力,是我们长期探索经济建设和国防建设协调发展规律的重大成果,是从国家安全和发展战略全局出发做出的重大决策。"国防科技和武器装备领域是经济建设与国防建设发展的重点,也是衡量经济建设与国防建设发展水平的重要标志。至此,经济建设与国防建设融合发展的重点领域被圈定,一体化科技协同创新成为经济建设与国防建设融合发展的重点领域。2017 年 6 月 20 日,习近平主持召开中央军民融合发展委员会第一次全体会议,审议通过了《中央军民融合发展委员会工作规则》《中央军民融合发展委员会近期工作要点》和《省(区、市)军民融合发展领导机构和工作机构设置的意见》。党中央、国务院和中央军委先后出台了多项文件,如《关于经济建设和国防建设融合发展的意见》《关于推动国防科技工业军民融合深度发展的意见》《"十三五"科技军民融合发展专项规划》等,以此来推动军民融合协同创新的落实。

习近平有关一体化国家战略体系和能力中科技协同创新的重要论述,明确了经济建设与国防建设的范围,全要素、全领域、高效益;明确了一体化科技协同创新战略的重点,要主动发现、培育、运用可服务于国防和军队建设的前沿尖端技术,最大限度实现民为军用,做好国防科技民用转化,发挥国防科技转化运用最大效益,形成多维一体、协同推进、跨越发展的新兴领域融合发展布局;明确了经济建设与国防建设的方法,加强顶层设计,建立统一领导、军地协调、顺畅高效的组织管理体系,努力形成系统完备、衔接配套、激励有效的政策制度体系,坚持问题导向,坚持国家主导、需求牵引、市场运行的运行体系,运用改革创新解决制约经济建设与国防建设发展的体制性障碍、结构性矛盾、政策性问题。

现阶段,一体化科技协同创新要依据习近平经济思想与强军思想,推进和实现一批在国防部门和民用部门具有共性的、前瞻性、引领性和颠覆性的重大前沿科技成果,为科技兴军和科技强国提供强有力支撑。

2.3.2 马克思政治经济学原理

马克思主义政治经济学原理中的劳动价值论为一体化科技协同创新提供了理论基础。马克思是最早阐明技术创新对经济发展影响的学者。马克思和恩格斯开创性地建立辩证唯物主义与历史唯物主义,运用唯物辩证法科学地揭示了资本运行规律。恩格斯在1844年发表的《政治经济学批判大纲》中将科学技术纳入生产力范畴。马克思在《资本论》中系统阐述了"科学技术是生产力",指出"科学作为独立的力量被并入劳动过程"。马克思主义理论中劳动的价值属性能够更好地解释协同创新的本质。剩余价值理论科学地区分了"劳动"和"劳动力"、绝对剩余价值和相对剩余价值。马克思认为,科技本质上从属于资本,是剩余价值理论的体现。马克思剖析了剩余价值在再生产周期运行的规律,明确指出资本的实质是寻求剩余价值,科学技术在生产中的应用是为了创造更多的剩余价值。科学技术创新是凝结在生产实践领域中体力劳动与脑力劳动量的总和,本质上体现了劳动价值的属性。劳动价值的"二重性",即劳动与"劳动力"产品的分离,使得劳动具有可以资本化的特征。组织构建创新关系是运用协同的核心内容。协同的本质是构建具有创新关系的组织或系统,创新关系是生产关系表现形式之一。创新关系决定了协同创新与知识生产的阶级属性,社会主义体制能集中力量办大事——实现更高层次的科技创新目标和人的全面发展,协同创新效应1+1>2体系总体功能大于其各分系统之和,很好地解释了协同创新中集体利益高于个人利益所带来的社会总收益的增加。

马克思主义生产关系论述认为,生产力决定生产关系,生产资料的绝对所有权属性是构建生产关系的基础。资本主义生产资料私有制属性决定了生产关系的结构,即缺少生产资料的劳动从属于生产资料的所有者,导致劳动雇佣限定在契约框架内,极大地限制了劳动创造的主动性和积极性。雇佣与被雇佣的生产关系属于二维结构,其发展的路径会受到资本逐利的限制,造成阶级矛盾的对立与扩张。创新关系属于生产关系范畴。生产资料私有制属性也会对创新关系的结构和演化产生影响。这种影响具体表现在两方面:一是雇佣与被雇佣的创新关系二维结构是一种不稳定的结构状态,注重创新的瞬时效应以适应市场经济的竞争需要,忽略创新的长远效益将会导致难以构建复杂巨系统的创新工程;二是信息是生产要素,市场经济过度强调知识私有制会阻碍知识扩散,增加了被雇佣者学习知识的成本,加剧了雇佣与被雇佣之间的阶级矛盾,阻碍了绝大多数个体的发展。

西方经济学理论是建立在利己主义理论的基础上的,个人需求效用最大化与企业生产收益最大化导致竞争,竞争迫使企业为了降低成本进行科技创新。然而,随着专业化分工的不断精细化,国防部门与民用部门封闭的企业创新模式已经不能满足专业化分工的要求,企业需要开放创新资源,与其他企业建立创新关系。企业从封闭创新到开放创新模式的变化与强调利己竞争理论的西方经济学理论不能相契合。迄今为止,经济学者运用西方经济学理论阐述协同创新仍处于探索阶段,研究的内容相对分散,研究的系统化不够,且不列入研究的主要课题。这主要在于西方经济学理论对协同创新的解释力不够。西方经济学理论强调知识的私有性,假设存在一种封闭的状态,创新主体接受的知识来自已有知识,假定创新主体之间不发生互动,那么创新能够产生的新知识就会小到忽略不计。因为,创新主体之间的协同互动是发现知识的差异性与耦合性的关键所在,知识私有属性增加了创新主体互动的成本,也可以解释协同创新与知识生产的阶级属性导致不同社会制度发展演化路径的差异。

马克思主义对军事理论的论述也非常丰富,是马克思主义的重要组成部分。马克思认为,军队"是国家为了进攻或防御而维持的有组织的武装集体"。军队的军事能力是由构成社会经济基础的物质生产方式——生产力发展水平、社会制度和社会阶级结构决定了军队的发展变化。马克思主义所说的生产力是全社会的生产力,不是生产武器装备的生产力,只有提升社会生产力总体水平才能提升武器装备的生产力水平。科学技术创新不是割裂于国防部门、民用部门独自发展,而是需要一体化科技协同创新发展才能推动军队的快速发展变化。这与科技是第一生产力性质相契合。生产资料私有制与资本逐利性双重结合使资本的所有者不计投入成本发展军事力量,大大超出了维护自身安全的需要。军事力量的投入有两个目的。其一,牢牢掌握全球资源的分配权,布局全球产业结构。在资本所有者眼中,绝对的军事力量意味着绝对的资源配置权。资本所有者运用军事力量强行占有或是寻找代理人占有具有战略意义的资源生产地,通过包装金融资本产品,强行构建全球产业结构布局,实现资本超额利润增值。其二,通过输出战争以缓和国内阶级矛盾。以美国为例,自20世纪50年代起,美国就是爆发金融危机次数最多的国家,近年来其国防预算大幅增加,也是发起战争次数最多的国家。资本所有者在军事科技上的巨大投入导致战争形态发生了极大的变化。战争形态从机械化到信息化再到高科技战争方向发展,战争空间从二维到多维,战争区域从单一区域到多域状态发展变化。世界各国为了应对这种军事力量的战略威慑,不得不被动发展本国军事力量,特别是发展高科技主导的军事力量。

马克思提出:"许多人在同一生产过程中或在不同的但相互联系的生产过

程中,有计划地一起协同劳动,这种劳动形式叫作协作。"马克思主义认同专业化分工能提高生产力,基于专业化分工的协作生产是大规模工业化生产的前提条件。马克思阐释了有关总体与分布、集体与个人的关系,来自对专业化分工与大规模工业化生产发展演化的深入研究。我国一体化科技协同创新的核心是构建新型生产关系——创新关系,即在一体化科技协同创新领域构建新的生产关系,运用马克思主义中的经济学理论和军事学理论能够更好地阐述一体化科技协同创新的理论基础与实践本质,为构建稳态结构的一体化科技协同创新提供理论支撑。

2.3.3 系统论

系统是由相互作用和相互依赖的若干组成部分结合成的具有特定功能的有机整体。各个部分相互作用和整体发展变化是系统的主要特征,而且这个"系统"本身又是它所从属的一个更大系统的组成部分。系统具有复杂性特征与协同性特征。系统的复杂性特征是指组成系统的要素种类繁多,各要素之间的联结是多维网络结构,即一类要素与其他相关要素是共生关系,缺一不可,认清系统内各要素之间的复杂联结是构建要素关系的基础。系统的协同性特征是指系统内各要素是有机联结的,每一要素的表达需要与其相关要素作为支撑条件,否则该要素表达在系统内是无意义的。系统内各要素需要协同机制来负责各要素表达,使得系统能以最优化的形式运行。复杂工程系统面临的基本问题是怎样把比较笼统的初始研制要求逐步地分解为若干研制任务参加者的具体工作,以及怎样把这些工作最终综合成一个技术上合理、经济上合算、研制周期短、能协调运转的实际系统,并使这个系统成为它所从属的更大系统的有效组成部分。因为系统所需专业知识类别不同,技术构成复杂,因此总体协调任务不可能靠一个人或单个组织来完成。例如,20世纪40年代,美国研制原子弹的"曼哈顿计划"的参与者约有1.5万人;60年代,美国载人登月"阿波罗计划"的参与者约有42万人。国防科技组织是指肩负国防科研活动的责任,具有服务军事需求和促进经济增长两大功能,以实现国防现代化和一体化国家战略体系与能力安全为目标,并向空间、时间或功能的有序结构方向演进的有机整体。中国"两弹一星"工程知识、技术密集,系统复杂,综合性强,广泛运用了体系工程、并行工程和矩阵式管理等现代管理理论与方法,建立了协同、高效的组织指挥和调度系统,从而提高了整体效益,走出了一条投入少、效益高的发展尖端科技的创新之路。我国研制的核潜艇是集合了全国相关领域的高校、科研单位、工厂等上万个单位协同创新研发的成果。

每一个大型复杂国防装备的研发过程也是一个复杂的体系工程的创新过程。创新的不确定性所产生的庞大信息是体系工程加工信息面临的主要问题,日益复杂的体系工程使通过人与人的交流来分享缄默知识和创新信息变得越来越困难,体系工程创新中产生的数据需要通过建立语义解释系统,使智能设备间的数据信息能够相互识别和转化,提升智能化信息加工能力,减少人与人之间交流信息的不确定性。

体系工程创新是根据创新实践的能力对创新项目进行任务分解,形成若干个子系统,创新产生的大量数据信息通过工程数据管理系统存储,并利用语义解释系统将各创新单元的创新数据信息加工成为智能设备能够识别和转化的通用性数据,创新单元通过智能辅助设备进行数据访问、加工和转换。

一体化科技协同创新是创新要素在科技创新活动中形成的巨系统,具有多级结构与多阶段运行的特征。一体化科技协同创新体系的多级结构是指系统的组成是分层次、分区域的,即在一个小局部可以制约、协调;在此基础上再到几个小局部形成的上一层相互制约、协调;在此之上还有高层次的组织。一体化科技协同创新多阶段运行特征是指创新是周期发展的过程,科技创新目标规划、组织实施及创新成果转化是一个周期运行的过程,每一阶段创新目标的实现需依赖上一阶段创新产生的知识及创新组织体系。一体化科技协同创新受外部威慑与竞争环境影响,受世界范围内科技的创新周期变化影响。一体化科技协同创新周期需要从所处的环境进行分析,以建立适合的创新目标。体系工程理论能较为清晰地在宏观方面阐述一体化科技协同创新的组织结构、阶段特征及运行规律,也可以运用体系工程理论中的数理方法微观分析系统内在机制等。一体化科技协同创新运用系统科学可以将属于市场经济创新竞争的无政府状态变为有序的自觉组织。

2.3.4 协同理论

协同理论是人类从简单生产组织到复杂生产系统的实践经验总结,对协同理论的认识与深化也是随着组织管理复杂生产系统而产生和发展的。最初是简单朴素的哲学思考,如我国古代老子的"天道"思想、孔子的"天下大同"思想、王阳明的"知行合一"思想等,都蕴含着对复杂社会现象的协同理解,并且对我国后世的协同思想影响深远。德国著名的物理学家哈肯是系统论述协同学理论的代表人物,他写了有关协同理论的两本著作——《协同学导论》和《高等协同学》。哈肯在研究激光的发光原理时发现,无序的光粒子在注入一定能量后就变成有序的激光束。哈肯从中受到启发,认为协同是自然界普遍存在的状态,无论是简单系统还是复杂系统,只要注入一定的能量就会使无序的系统在协同的作用下形成有序的系统,并用数学的方法建立了协同的基本原理。哈肯认为,子系统之间的协作及其结构是协同形成的,序参量支配系统的协同,并在竞争中进行发展。因为哈肯使用了数学的方法构建了协同学的科学性,被广泛应用于工程技术与社会可持续研究领域,在实践工作中极大地促进了协同学的发展。现代协同理论充分吸收了协同学与管理学的内容,组织为实现战略目标,通过行政制度与市场机制,实现资源、人才、组织管理、节点控制等管理与匹配,应用绩效方法测度协同效应。协同是组织围绕战略目标实现过程优化的方法。因而,复杂系统的层级结构与多阶段特征也是协同调整的反映。首先,协同是过程优化的反映,是对复杂系统层级结构进行阶段性的调整。其次,复杂系统的战略目标具有阶段性与周期性特点。复杂系统阶段性协同是为了纠错与调整,在此基础上形成的经验总结能为下一阶段过程优化提供协同实践依据,实现进一步过程优化。现阶段协同理论的代表人物有韦德里希、哈格、伊戈尔·安索夫、伊丹广之、布拉德利·盖伊和罗伯特·巴泽尔等。韦德里希和哈格合著了《定量社会学的概念和模型》,将协同学概念和方法应用于社会学与经济学领域诸多问题的论证,得到了很好的验证。

协同理论的核心是创造协同效应。协同的过程是周期总结动态提升优化的过程,协同优化的过程创造的价值要大于消耗的成本,协同才能创造更大的价值,称之为协同效应。复杂系统包含两个或两个以上的子系统,每个子系统都有相应的专业分工、知识背景、团队协调、组织管理、创新目标等要素,子系统自身就是一个微型协同环境,子系统与子系统之间的相互作用促进复杂系统的整体发展变化,子系统与子系统的相互作用需要协同来实现。协同是有成本的。在一体化科技协同创新体系中,协同的成本表现在围绕创新目标构建创新关系与协同信息的成本,如子系统中创新主体之间互动,以及与其他创新主体之间互动所需要的创新资源保障。在创新项目中,协同最重要的是信息传递与加工,为的是引入新颖性,创新产生的信息需要协同来解释新颖性在不同创新主体之间的意义表达。信息质量是关系的表达,协同信息成本与协同创新关系成本是影响关系的主要因素。

一体化科技协同创新是复杂系统阶段性结构优化与过程优化的综合体现,这与协同创新发展的复杂性、周期性有契合之处。在本书的研究中,引入协同理论能较好地阐述一体化科技协同创新组织结构的动态变化、协同效应及演化发展。

2.3.5 合作博弈理论

合作博弈理论为分析一组参与人对公共产品的贡献提供了一种方法。创新主体之间的合作是生成创新价值的前提。组织构建外部环境可以提升合作机会。这种外部环境既是制度环境建设，也是交易效率体现。国防是一种公共产品，需要国家强制性的财政支出保障国防能力建设。国家构建制度环境与市场交易环境需要对强制性行政组织干预与可预期市场激励进行权衡，以确保自发的创新与有组织的创新能同时实现。一体化科技协同创新要重点关注产生什么样的创新成果，以及协同创新产生的成本分担。国防作为公共产品，其协同创新产生的新知识产权难以界定的特征会导致强外部性，影响协同创新的效率。知识产权保护与知识扩散具有矛盾性。国家希望扩大公共知识基础，创新主体希望通过知识产权保护以获取长久利益。创新劳动在国防领域中的协同创新产生的新知识，其外部性具有双重叠加的性质。一方面是国防的公共产品属性的外部性，另一方面是新知识的外部性。知识外部性影响军民创新劳动之间的合作，创新劳动参与国防建设，如果行政组织功能大于市场激励参与，有可能对下一周期创新劳动参与激励有损害。在一体化科技协同创新中，组织协调创新劳动进行合作创新是关键。创新贡献的甄别与创新价值的生成成为影响创新组织形式的关键要素。

合作博弈理论可以对创新劳动之间的合作机会进行分析与解构。在一体化科技协同创新中，创新劳动所面临的创新目标问题较为清晰，这是组织战略选择的结果。创新劳动比较了解创新目标所面临的具体约束，其对创新中所付出的努力程度具有策略选择，需要设计激励机制，使得策略选择集合处于一种优化的过程。合作博弈理论可以构建一种简化的创新程序，该程序是基于创新劳动预期收益的分配程序，会影响创新劳动之间的合作程度及下一周期创新的合作机会。在一体化科技协同创新中，程序包含创新劳动努力的意愿、预期与产出分配三大要素。作为后验性反应，创新价值分配会影响创新劳动对其努力付出与预期的评价，并影响创新劳动在新一轮创新中参与的合作行为的努力程度。如果创新劳动所获产出分配并没有达到预期，并且产出分配不能体现其付出努力，创新劳动参与合作创新的积极性就会降低。反之，就会提升。程序可以区分不同的合作创新模式，通过比较创新目标实现效率，既能测度不同合作创新模式的"相似性与差异性"，也能发现创新主体的特征信息。

第3章 一体化科技协同创新的现状与问题

　　一体化科技协同创新的形式与内容的统一性,创新劳动对知识性生产资料的占有和不可分离性,创新与生产迂回实现方式的复杂性,这三种因素共同构成了一体化科技协同创新的现状,需要以创新劳动的行为选择策略和劳动价值生成作为分析基础,探索一体化科技协同创新的范围、特征、存在的问题及结果,以此为依据分析在一体化科技协同创新中创新劳动互动合作的重要性。通过分析一体化科技协同创新的现状与价值构成,能够从整体上把握一体化科技协同创新的一般性规律,可以初步建立起一体化科技协同创新的分析框架。一体化科技协同创新以国防科技创新中的前沿科技创新为主,以民用部门科技创新需求为辅。从知识耦合性与扩散性角度分析了一体化科技协同创新的矛盾性与一致性,阐述了协同创新的特征。创新劳动的互动合作是生产知识的唯一源泉。简略描述了一体化科技协同创新的现状——发展阶段、发展情况和综合判断,提出了一体化科技协同创新发展阶段应设立初级阶段动员式科技协同创新阶段和高级阶段一体化科技协同创新阶段的观点,并依据国家科技创新与经济建设发展情况,分别列出当下一体化科技协同创新各个阶段,建立评价标准并进行综合判断。现阶段,我国一体化科技协同创新处于产业链模块化协同创新向创新价值链学科模块化协同创新的过渡阶段,同时有向一体化科技协同创新跨越的重叠。通过分析一体化科技协同创新的形式与内容需具备统一性、创新劳动对知识性生产资料的占有和不可分离性、创新与生产迂回实现方式的复杂性,了解了一体化科技协同创新存在的问题及原因。以创新劳动价值为出发点,论述一体化科技协同创新价值来源于创新劳动。在国防部门和民用部门中,科技创新的无差别与迂回的生产方式,成为国防部门与民用部门协同创新理论与实践的基础,使国防部门也可以作为生产方进行社会化生产。创新劳动价值的超常性决定了不能用一般的经济均衡理论对一体化科技协同创新进行分析,需要借助劳动分工协作等理论来分析一体化科技协同创新超常价值产生之谜。生产资料的知识性与知识性生产资料成为一体化科技协同创新的重要工具,能够影响一体化科技协同创新的效能。当前,我国一体化科技协同创新需要构建创新网络与市场互动机制,赋予创新劳动自主选择权,构建充分流动的创新劳动市场,在创新网络中,创新劳动协同知识耦合与扩散,产生协同效应,需要进一步研究其动力、协同方式及其对一体化科技协同创新发展演化的影响。

3.1 一体化科技协同创新的范围与特征

一体化科技协同创新的目标是实现关键核心前沿科技创新,是为实现武器装备的高科技优势,在综合技术上具有领先优势或绝对性压倒性优势。一体化科技协同创新的范围应该以发展国防科技创新为主,以发展民用科技创新为辅,并且这种前沿科技创新只能通过一体化科技协同创新和自主创新来实现。一体化科技协同创新的特征是国防科技创新与民用科技创新具有统一性,即科技是第一生产力和科技是核心战斗力具有内在的统一性,但国防部门对科技创新的需求要远远高于民用部门,二者在具体创新目标上又有所不同。明确一体化科技协同创新的范围与特征,能更好地聚焦研究的范围,发现创新劳动行为选择策略对一体化科技协同创新的影响。

3.1.1 一体化科技协同创新的范围

一体化科技协同创新存在一个科技创新范围,并不是所有的科技创新都需要一体化科技协同创新。一体化科技协同创新应该依据武器装备所要实现的技术功能来划分,制定适用于武器装备领先优势或颠覆性优势的科技创新目标。同时,一体化科技协同创新要兼顾民用部门对科技创新的需求,如在民用生产领域具有重大应用价值的科技创新,或这种创新可能只应用于商业化产品的生产,但对武器装备的技术改进作用不大,或创新目标既适用于武器装备的技术创新,也能进行商业化的技术创新。先设定两个测定科技创新效能的技术指标,一是武器装备的效能,综合反映武器装备的技术优势,武器装备效能越大,代表的技术水平就越先进;二是市场广度,综合反映科技创新成果能够进行商业化和改善产品质量的测度标准,科技创新成果适用范围越广,潜在的商业化应用潜力也就越大。图 3-1 显示的是一体化科技协同创新潜在应用范围,纵轴表示的是基于技术应用的武器装备效用,横轴表示的是基于技术应用的市场广度。通过图 3-1 可以看出,一体化科技协同创新目标会限定在一定的区域内,符合武器装备效能需求和民用部门产品对科技创新的需求,该区域能最大化实现一体化科技协同的创新需求,且一定是既能提升武器装备的效用,也能在民用部门中得到广泛应用。

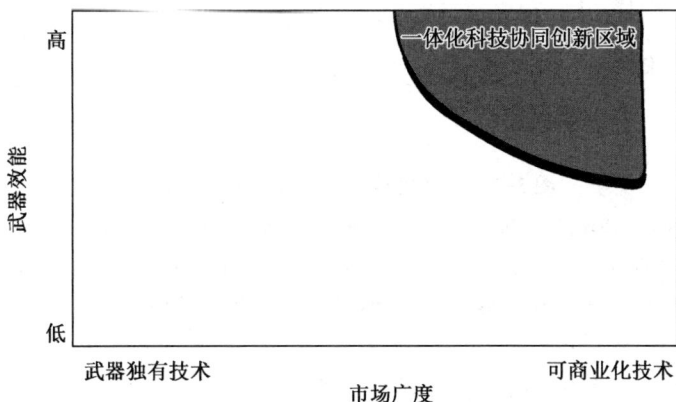

图 3-1　一体化科技协同创新潜在应用范围

资料来源:Kenneth Horn, Elliot Axelband, Ike Chang, Paul Steinberg, Carolyn Wong, and Howell Yee, "Performing Collaborative Research with Nontraditional Military Suppliers," RAND Corporation, accessed November, 1995, http://www. rand. org/pubs/monograph_reports/MR830. html.

图 3-2 是肯尼斯·霍恩总结的一体化科技协同创新的可应用领域,是根据一体化科技协同创新促进武器装备和民用产品研发的案例分析得出的。随着信息技术和智能传感器的发展,一体化科技协同创新中技术研发项目的种类也会增加,如信息技术的积累和个性化加工能力的提升使民用企业不仅可以参与国防科技一般项目的创新研发,也可以参与如卫星、全球定位系统、大型舰船、大型飞机、航天系统等的创新研发项目。民用部门参与国防部门创新项目受到技术的约束,现阶段民用部门参与国防部门尖端技术创新研发项目的范围会随着民用部门信息技术创新研发能力的提升而得到大幅提升,并在智能制造推动下逐步满足个性功能、小批量国防武器装备的生产。一体化科技协同创新应该设定保密范围和成果应用范围,设定范围主要是根据科技创新成果的价值进行判断,如果科技创新成果具有独一无二的技术优势和颠覆性,就应严格设定保密范围和应用范围。

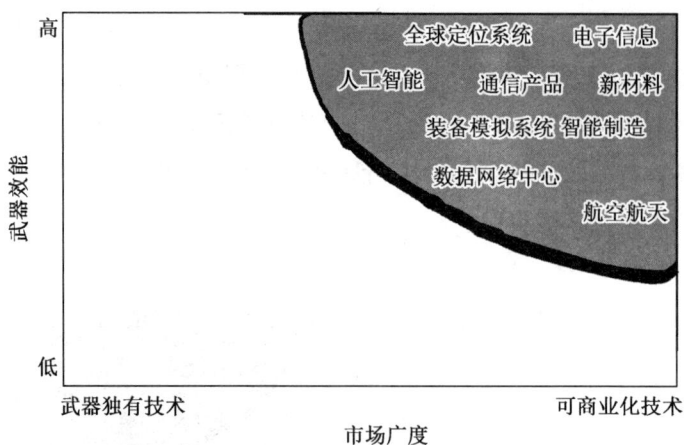

图 3-2   一体化科技协同创新可应用领域

资料来源：Kenneth Horn, Elliot Axelband, Ike Chang, Paul Steinberg, Carolyn Wong, and Howell Yee, "Performing Collaborative Research with Nontraditional Military Suppliers," RAND Corporation, accessed November, 1995, http://www.rand.org/pubs/monograph_reports/MR830.html.

3.1.2   一体化科技协同创新的特征

国防部门与民用部门科技创新的矛盾性与一致性深刻影响一体化科技协同创新的特征。一体化科技协同创新的核心问题是国防部门与民用部门中的创新劳动有没有自主行为选择权力，如果创新劳动不能实现充分流动，就难以构建起以前沿科技创新项目为创新目标的创新网络。国防部门与民用部门知识耦合与知识扩散的差异性造成了一体化科技协同创新的矛盾性。这种矛盾性可以从知识耦合的时间成本和投资成本、政府和市场行为、产业实现的过程等维度来解释，也可从知识扩散的知识产权属性进行阐述。一体化科技协同创新引入的新颖性、信息融合与创新价值追求存在内在的一致性。

1.一体化科技协同创新的矛盾性。一体化科技协同创新的主要矛盾是国防部门与民用部门的创新产生的知识耦合和知识扩散的不一致性。知识耦合是创新的前提，知识扩散是创新的基础。知识耦合是指创新过程中输入的数据信息变量之间相互作用能转化为解决创新问题的输出信息，数据信息存在创新劳动知识的差异性。知识的差异性是创新成功的关键，也是造成国防部门与民用部门知识耦合不一致性的主要因素。具体表现在以下几个方面。

一是知识耦合性取决于协同创新的时间成本和投资成本。国防部门更多关注的是关键领域的科技创新和自主创新。国防部门的知识耦合多集中在解决复杂武器装备创新研发的长远规划上，努力协同基础知识耦合。国防部门需要制订国防科技创新战略计划,如我国制定的《1956—1967年科学技术发展远景规划》,以12年为一个周期,创新项目的复杂性决定了时间成本高,国防部门可以接受较高的创新时间成本。民用部门更多地关注过程创新,创新项目相对简单一些,多是利用专利知识进行技术改进,协同创新的时间成本较低一些。国防部门的创新研发费用额度非常大,且逐年上升。例如,2006—2010年,美国、俄罗斯、法国、英国、德国5国每年国防研究与开发费总额超过900亿美元,美国国防研究与开发费用大大高于其他国家,国防研发、试验与评估经费达到720亿~800亿美元,占国防预算的13%~15%。2007—2009年欧洲防务局26个成员国国防科研经费总计分别为95亿、86.4亿和84亿欧元,占各成员国国防采购费总和的20%~25%。表3-1展示的是主要武器装备研制生产国的国防研发费和采购费,其中美国的国防研究与开发费用占国防费比例最高,达到15.4%。预研阶段规划了未来科技的领先性,国防部门的复杂武器装备系统创新成本主要集中在预研阶段,协同大量的知识耦合需要动用国家资本,尖端技术研发投入基本都与国防领域相关,预研阶段占据创新成本的80%以上。国防部门的投资集中在尖端技术产业领域,主要是核工业、航天与导弹工业、航空工业、舰船工业、兵器工业、国防电子工业六大产业。国防部门尖端技术创新是复杂的体系工程,需要大量的投资成本。国防部门协同知识耦合基本不存在重复投入。民用部门中有些产品需要快速推向市场,根据客户需求快速研发和迭代,尽可能压缩创新过程,快速实现知识耦合,协同知识耦合的时间成本较低,创新项目规模较小。民用部门创新成本主要集中在产品技术改进过程,创新投资成本低,一般选择技术成熟度高的专利知识加以改进,市场竞争造成重复投入比较多。民用部门的创新投资主要是针对自身产品进行技术改进,投资集中在单一产业,资金来源于产品利润或金融融资,受利润限制,金融融资有较大的成本。民用部门复杂产品,如飞机、网络、通信等,技术大多来自国防部门的创新,或是来自军工复合体企业。

表3-1 主要武器装备研制生产国的国防研发费和采购费

费用及占比		美国[1]/亿美元	俄罗斯[2]/亿卢布	英国[3]/亿欧元	法国[3]/亿欧元	德国[3]/亿欧元	意大利[3]/亿欧元
国防研究与开发费	国防研究与开发费	796	1 080	27.70	37.31	10.88	1.40
	占国防费的比例/%	15.4	8.46	7.00	9.52	3.01	0.64

表 3-1（续）

费用及占比		美国[①]/亿美元	俄罗斯[②]/亿卢布	英国[③]/亿欧元	法国[③]/亿欧元	德国[③]/亿欧元	意大利[③]/亿欧元
国防采购费	国防采购费	1 024	4 044	104.52	105.75	62.86	24.45
	占国防费的比例/%	19.87	31.67	26.40	26.98	17.41	11.15
国防费		5 154	12 770	395.96	391.98	361.08	219.32
备注		2009 财年国防预算	2010 财年国防预算	2009 财年国防预算	2009 财年国防预算	2009 财年国防预算	2009 财年国防预算

①表中美国国防费仅指国防部的基本预算,不含海外作战预算;国防研究与开发费,指国防研发、试验与评估经费。

②1 美元≈26.67 卢布。

③英国、法国、德国、意大利的数据来自欧洲防务局,其中国防研究与开发费,包括研发和研制试验经费,国防采购费包括装备采购和国防研究与开发费。

资料来源:《世界国防科技工业概览》编委会:《世界国防科技工业概览》,航空工业出版社,2012,第 4 页。

二是知识耦合过程中创新劳动的行为动机存在矛盾。创新劳动行为选择是偏向市场还是政府部门组建的创新网络,是创新劳动实现自身价值的行为动机选择。创新劳动自身价值由三个方面构成。第一是社会地位。创新劳动的归属感决定了其在国家的存在感,国家对创新劳动的重视程度直接影响其行为动机选择策略,即创新劳动是选择在民用部门创新还是在国防部门创新。如果创新劳动更在意社会地位,那么创新劳动更愿意在国防部门从事创新工作。第二是经济收入。市场经济的发展增加了创新价值实现的可能性,在市场的影响下,创新劳动的收入呈指数级增长,巨额收入激发了创新劳动频繁进行创新活动,知识耦合从被动型转变为主动型。如果创新劳动更在意经济收入,创新主体会倾向在民用部门进行创新。第三是创新能力。创新能力直接决定创新价值的大小,提高创新能力需要不断学习新知识,创新劳动需要提升知识耦合的能力,实现创新价值。国防部门的创新研发集中在尖端技术领域,对创新劳动创新能力的甄别和筛选更严苛一些。筛选机制主要来自创新劳动的专业化知识和技术传承,需要建立完整的从低级到高级知识耦合的体系。民用部门创新劳动创新能力的甄别和筛选是通过市场信号进行的,虽然也注重创新劳动的专业化知识,但创新劳动更能发挥创新主动性,主动适应市场需求,实现自组织协同知识耦合,自组织形式比较灵活。

三是在一体化科技协同创新的知识耦合中产业实现的过程存在矛盾。国防部门拥有完整的科技工业体系,具有研发和制造技术最复杂、集成难度最高的武器装备的系统。每一个复杂武器装备系统都将预研阶段协同知识耦合作为创新的最重要方面,而武器装备只是按照最低限度的计划数量进行生产,以保持国防工业体系的独立性和完整性。武器装备是最终消耗品,只提供公共安全,不具备消费功能。在一体化科技协同创新中,组织创新资源的快速集中需要政府的制度保障,而民用部门以市场经济配置资源,创新资源比较分散,难以实现复杂体系工程的创新项目;在创新劳动流动性方面,民用部门创新劳动的流动性要远远高于国防部门。民用部门协同知识耦合预研阶段并不是创新的最重要方面,产品的工艺创新才是最重要的。当智能化生产时,民用部门倾向于最大化生产产品数量,以降低边际成本获取竞争优势。民用部门的企业处在产业链的某一环节上,不需要拥有完整的产业链。民用产品是供养民众的消耗品,提供的是满足生活需要的功能,属于功能比较简单的产品。

知识扩散的主要矛盾是知识产权的专有性。知识扩散是指掌握某一专业知识创新劳动的数量。知识扩散不能随机发生,知识扩散受制度、交易方式、扩散成本等影响。制度具有强制性,现代教育制度是知识扩散的基础,政府通过增加教育投入,努力促进受教育群体掌握基础知识和专业知识。知识扩散就是将创新产生的新知识转化为基础知识和专业知识,使其进入教育系统。知识产权的专有性决定了知识具有交易属性,即知识产权可以用于市场交易。市场经济通过知识产权的专有性激励创新劳动进行创新,知识产权将知识扩散局限在从事创新劳动的范围内,创新产生的新知识在保密的要求下,以最低限度公开发行,核心知识成为缄默知识封存在创新劳动结成的创新网络内,在一个很小的范围内进行扩散。市场经济中的专利池成为知识的孤岛,降低了创新劳动合作机会。知识累积速度的降低,学习和掌握新知识的人才数量增长缓慢,不利于社会全体人员学习知识。在民用部门,知识产权的专有性阻碍了知识的扩散。国防部门创新产生的新知识的信息量大,知识产权归国防部门所有。国防部门是公共部门,国防科技产品属于公共产品,所产生的新知识具有公共属性,但新知识学习难度大。国防部门为了增加创新劳动知识耦合的机会,将新知识作为具有基础性的专业知识,在保密条例允许的情况下希望新知识进行扩散。专业性知识分类越多,知识耦合的机会越大。在国防部门中,知识的公共属性增加了知识扩散的概率。一体化科技协同创新应增加知识产权的公权属性,降低知识产权的私权属性,有利于知识扩散。知识扩散是需要成本的,以教育投入为例,各国投入在教育领域的经费占其国内生产总值的3%~5%,发达国家对教育的投入超过5%。如果在创新过程中只有少数创新劳动能掌握创新产生的新知识,绝大部分创新劳动达不到创新所要求的知识结构,一方面是自身学习能力不够,另一方面是知识扩散成本过高导致其选择就业而不是继续学习。

在一体化科技协同创新中,协同知识耦合与协同知识扩散共同构成了协同创新的形式与内容,是构建一体化科技协同创新关系的主线。一体化科技协同创新的矛盾性也集中在协同知识耦合和协同知识扩散的形式和内容方面,是一体化科技协同创新动态变化的主要推动力。

2.一体化科技协同创新的内在一致性。在引入新颖性时,一体化科技协同创新产生的新信息在标准化为知识、创新的信息融合、创新价值等方面存在内在的一致性。新颖性是创新劳动具有想象力和融贯能力。事物具有普遍联系的特征。创新劳动在领悟和用语言描述事物特征上受经验和知识的限制,妨碍其对事物普遍联系规律的发现。怀特海认为,由于各种各样的具体细节构成直接经验的确定性,因而我们意识不到对客观事物的任何清晰完整的分析。然而,想象力能够把经验中自洽的和持久的因素同想象中不一致因素相比较,从而使自洽的和持久的因素得到阐明。想象力的重要性在于通过想象设计实验可以扩大应用范围,如物理学发现的规律可以扩大到实践层面。创新劳动进行想象的基本条件是逻辑完全性和融贯性。逻辑是想象的起点,是认识事物普遍联系的出发点。融贯性是想象实现的内容,是发现事物普遍联系规律的组成部分,是发现现实实有的过程或合生在其构成成分中的其他现实实有。一体化科技协同创新是创新劳动在引入新颖性时发现这种现实实有的过程或合生的构成成分,并因事物相互联系而建立的创新关系。

竞争威胁普遍存在于有机生物体。从狭义角度来理解,信息融合是指态势感知根据不同信息输入形成信息集合,并对信息集合进行初步分析整理。在一体化科技协同创新中,无论是根据作战需求还是用户需求,均需要对实现的技术性能进行信息收集,并将这些信息转化为变量关系,构建变量方程组,通过迭代的方式,逐渐优化方程组的结构。从广义角度来理解,信息融合包含数据分析、变量定位、决策制定、方案实施、功能反馈等因素,是协同创新的基础。数据来自所需要实现的技术性能及各技术性能之间的联系,需要通过智能设备与人工进行分类。变量定位是根据数据分类和事实联系建立变量关系,构建变量方程组。决策制定是根据变量调整对配置于协同创新中资源经济效率的影响,设计可靠的决策方案。方案实施是根据事实联系的变量关系对实现协同创新的创新资源进行配置,实现较高的资源配置经济效率。功能反馈是根据现实需求对技术性能适用性进行反馈,以此作为产品技术性能修改的依据。一体化科技协同创新的信息融合具有内在的一致性。国外大型军工企业普遍建立了与合作伙伴、供应商全球协同创新研发和管理环境,建立了与政府和用户多方协同的工作环境,以支持从产品生产商向能力生产商、从产品提供商向系统集成商的转变,使信息化成为企业的核心能力。信息融合作为企业战略和经营目标,实现了数字化产品定义、数字化设计、数字化制造、信息化管理等技术和手段,大大缩短了大型复杂武器装备产品的研发周期,提高了资源利用效率,降低了产品研制和管理成本,提高了产品质量。有关研究认为,信息融合的应用能使设计费减少15%~30%,产品质量提高200%~500%,生产率提高40%~70%,设备利用率提高200%~300%,工作能力提高300%~500%,人力成本降低5%~20%,生产周期减少30%~50%。

在一体化科技协同创新中,创新生成的价值是一种价值增量的变化,是激励创新劳动追求创新的主要动力,提升了国防能力与市场经济的发展水平。创新的不确定性决定了创新的价值,不确定性越大,创新价值也就越大,创新的适用性也就越广。国防部门的创新具有较高的不确定性,追求的是前沿物理学、生物学、化学、材料学等跨学科的创新。在实现这些跨学科创新后,其必然扩展到其他方面,如民用部门利用国防部门的创新成果创造计算机、互联网等新的产业。

3.2 一体化科技协同创新的现状

一体化科技协同创新的形式与内容,创新劳动分工协作(创新劳动对知识性生产资料的占有和不可分离性),创新与生产的迂回实现方式,这三种因素共同构成了一体化科技协同创新的现状。一体化科技协同创新的现状主要从三个方面展开:发展阶段、发展情况和综合判断。

3.2.1 发展阶段

当前和今后一个时期是经济建设与国防建设的战略机遇期,也是经济建设与国防建设由初步融合向深度融合过渡,进而实现跨越发展的关键期。政府实施一体化科技协同创新政策虽然早于全面经济建设与国防建设战略,但国防部门与民用部门科技创新的界线并没有打破,仍然处于由初步协同创新向深度协同创新转变的阶段。这就要求采用和建立比较客观的评价方法和评价标准来判断一体化科技协同创新的发展阶段。

1.一体化科技协同创新是由国家主导、需求牵引、市场运行的创新体系。评价一体化科技协同创新发展阶段，应该从历史的角度来分析判断，即设定一个最低标准——动员式科技协同创新，一个最高标准——一体化科技协同创新。动员式科技协同创新是建立在创新资源与生产力欠发达、科技创新人才较少的情况下，政府有计划地通过行政手段配置创新资源；一体化科技协同创新是建立在高度发达的物质生产基础上，创新劳动依据学科进行分工协作，实现一体化科技协同创新发展，使武器装备和产品生产高度智能化、信息化。根据科技创新与社会生产实践的具体要求，再设定一体化科技协同创新的发展阶段，即在内部可以设定2~3个发展阶段，如产品链模块化科技协同创新、价值链学科模块化科技协同创新等。当前我国科技协同创新阶段是由初步协同创新向深度协同创新过渡，属于由产品链模块化科技协同创新向价值链学科模块化科技协同创新过渡，并向实现一体化科技协同创新跨越的关键发展阶段。

2.评判标准。评判标准是指评价一体化科技协同创新发展阶段所依据的具体指标。评判标准可以分为以下六类。

一是我国国防武器装备与他国武器装备技术水平的比较判断。现阶段，我国国防科技创新处于追赶阶段，主要是追赶西方发达国家在国防科技创新领域的技术水平。当前，我国国防科技在诸多领域具有领先优势，但在某些领域还落后于西方发达国家。

二是生产制造的信息化与智能化水平。我国工业生产能力从工业2.0向工业3.0过渡，并在某些工业领域向工业4.0过渡。交叉重叠的工业发展状况必然导致一体化科技协同创新发展阶段也处于交叉重叠的混合发展阶段。工业化与信息化融合加快了智能制造的步伐，民用部门在汽车、家电制造中使用智能生产线，广泛使用新技术、新工艺，加快了由生产制造向生产智造转变的速度。

三是创新劳动的分工协作水平。创新劳动从重复劳动分离出来，通过本土培养、专项引进，增加了大批创新劳动。知识产权和技术专利成果向创新劳动倾斜，快速增加了创新劳动的收益。

四是国家重点实验中心的开放程度。为了实现创新资源的重复利用，政府制定了详细的国家重点实验中心开放、管理等制度，逐步规范了使用的权限和范围，有利于创新劳动围绕重要创新资源平台开展创新互动合作。

五是金融工程按照学科分类进行细化。融资约束是创新中经常面临的问题,投融资机构可以将其他中介串联起来,共同作为一体化科技协同创新的中介服务机构。

六是一体化科技协同创新信息化建设程度。当前,信息化可以促进创新劳动的互动合作,突破了空间的约束,使得一体化科技协同创新具有高度的灵活性、协调性。

借助以上评价标准,可以对一体化科技协同创新的发展阶段进行评判,增加创新劳动互动合作的机会。

3.2.2　发展情况

一体化科技协同创新要按照国家主导、需求牵引、市场运作的运行体系进行建设。现阶段,我国一体化科技协同创新正在从产业链模块化科技协同创新向价值链学科模块化科技协同创新转变,最终实现一体化科技协同创新,但是由于国防科技创新的复杂性和不确定性,必须建立国家主导、需求牵引、市场运作的运行体系推动一体化科技协同创新的发展。

国家主导一体化科技协同创新是回应国防科技创新的复杂性和不确定性提出的战略挑战。国防部门承担着前沿科技创新任务,是新兴产业发展最重要的推动力。国家主导就是要将前沿科技创新的标准提上来,将有限的创新资源配置在国家急需的前沿领域,通过设计市场配置创新资源的运行制度与机制,构建新型的一体化科技协同创新组织,通过设定知识产权和专利技术所有权,构建产权激励结构,使各项政策能为一体化科技协同创新有效服务。突出顶层设计,充分运用政府与市场的优势,提升创新资源配置的效率。

需求牵引是指政府通过市场公开前沿科技创新目标,发布创新收益,使市场配置资源更为高效。全寿命技术创新评估创新目标实现技术功能的领先程度。政府实施科技创新采购计划,向社会公开前沿科技创新目录,提高创新劳动的报酬,形成市场激励结构,鼓励创新劳动成为拥有自主行为选择权力的个体,让其拥有市场行为选择的机会。需求牵引就是要完善创新激励机制,使创新劳动能主动参与一体化科技协同创新。

市场运行是指市场要在配置创新资源上起到决定性作用,将有限的创新资源配置到一体化科技协同创新目标最需要的领域。在一体化科技协同创新进展阶段,政府组织里程碑式检测评估,按照技术成熟度和武器装备全寿命周期对创新目标进行评估。技术成熟度的评估旨在检测创新目标设定的技术指标,在局部或整体发现协同创新存在的困难。政府构建竞争性创新项目市场,有利于创新资源的集中与共享。

国家主导、需求牵引、市场运行适应现阶段我国一体化科技协同创新的需要,三者相辅相成,为实现全面协同创新跨越式发展打下基础。

3.2.3　综合判断

现阶段,我国一体化科技协同创新战略明确,就是要改革现有科研机构使其成为具有经营能力的企业,释放创新活力,让市场在配置创新资源中起决定性作用。政府刚性制度指导有力,要求有条件的地方政府要建立经济建设与国防建设示范园区,要求开放各类实验室,建立需求型市场等。总体来说,一体化科技协同创新发展并没有达到国家预期,科技协同创新在个别领域比较突出,如信息技术、通信领域等,但整体协同创新优势不明显;科技创新成果转化效率不高,带动民用部门科技创新效率提升不明显。

3.3　一体化科技协同创新的问题与原因

现阶段,我国一体化科技协同创新的核心问题是创新劳动协同互动的激励机制没有形成,造成一体化科技协同创新体系性失灵,主要表现在一体化科技协同创新的形式与内容不统一、创新网络与市场互动不充分、创新与生产迂回实现方式相分离等。

3.3.1　一体化科技协同创新的形式与内容不统一

创新活动与生产活动的组织方式有本质区别。这与创新劳动与知识型生产资料一体化相关联。现阶段,一体化科技协同创新的主要问题是形式与内容的不统一,即政府为了获取创新成果,建立各种形式的制度机制,如政府制定了知识产权、科技成果转化、收益分配等一大批有利于激励创新劳动的政策和规章,并建立创新项目需求市场,以构建市场配置创新资源的能力。但是,市场的反应与预期并不一致,国防部门的创新劳动没有足够的动力参与民用部门的科技创新;而民用部门的创新劳动因其创新能力达不到国防前沿科技创新项目的要求,对参与国防部门的科技创新的动力不足,处于观望状态。此外,市场中的金融资本、各类专业性中介也没有预期的反应。

一体化科技协同创新形式与内容不统一的主要原因是创新劳动的期望收益与所承担的风险不对等。政府期望国防部门与民用部门更多、更快和更省资源地协同创新生成国防前沿科技成果。然而,一体化科技协同创新并不是简单地将各种资源集聚形成创新环境就可以产出创新成果。这是因为创新价值的生成与产品生产有本质差异,这种差异来自创新劳动与知识性生产要素融为一体。生产活动只需要将生产所需要的要素组织起来,劳动按照某种技术指标进行分工协作,就可以生产出产品。创新活动则不然,并不是把所有创新资源集聚在一起,就会产生创新成果。简单的雇佣制模式在某种程度上不适应创新劳动的行为选择。如果一体化科技协同创新没有形成"小核心"创新网络与"大集成"创新成果转化的生产体系,就会极大地削弱一体化科技协同创新体系效能。

3.3.2 一体化科技协同创新网络与市场互动不充分

国防科研机构改革引入市场机会,目的是形成具有开放式的良性淘汰循环的创新体系,但前提是创新网络与市场有充分互动。这需要研究创新劳动行为选择策略,即创新网络行为和市场行为选择的替代性和互补性。创新网络与市场的替代性与互补性影响创新劳动的选择机会,从而深刻影响一体化科技协同创新网络的稳定性和协同创新的效率。政府虽然动用了许多潜在创新资源推动一体化科技协同创新的发展,但并没有达到预期效果。政府组建了各类型制度性组织和市场,整合了大量创新资源,但仿照生产活动的运行体系,有可能阻碍创新劳动行为选择机会,降低互动合作效率。

创新网络与市场互动影响一体化科技协同创新体系运行效能。创新网络和市场的互补性与替代性影响创新劳动的行为选择,创新劳动根据其所在创新网络的位置制定行为选择策略,进而影响一体化科技协同创新效能。创新劳动的互动合作是生产知识的源泉,如果国防部门科研机构允许创新劳动有行为选择机会,就会造成核心创新劳动利用掌握的知识生产要素寻求市场机会,会对一体化科技协同创新网络产生负外部性影响,造成一体化科技协同创新网络效率下降,甚至中断国家重点创新项目的研发进度。一体化科技协同创新要充分发挥创新网络与市场互动机制的优势,聚合正向影响,消除不利影响,设计合理激励机制,激发创新劳动行为选择向一体化科技协同创新聚焦。

3.3.3 前沿科技创新与产品生产迂回实现方式相分离

一体化科技协同创新目标聚焦于影响国家安全的前沿科技创新领域。前沿科技创新与生产的暂时性分离实现方式,将会影响民用部门参与国防部门前沿科技创新的形式与态度,这与民用部门创新劳动的创新能力也有很大关系。前沿科技创新如果锁定在国防科技领域,且创新成果转化预期不高,市场就会自动列入淘汰行列,以风险投资为导向的各类中介机构就不能充分发挥作用,造成了政府创造了各种创新机会,但民用部门创新劳动参与率低的窘境。在国防部门,前沿科技创新必须转化为武器装备的技术性能。前沿科技创新成果在转化之前,就应该将国防工业生产与民用工业生产融合起来,实现创新成果一次转化能够生产两种产品。政府部门应加快建立国防工业生产技术标准的国家生产技术标准,将民用部门的生产体系纳入国家生产技术标准中来,尽可能地实现国防部门与民用部门生产体系的融合,缩短前沿科技创新成果向民用部门转化的周期。

3.4　一体化科技协同创新的价值构成

劳动是价值的来源,创新劳动是创新价值的来源。劳动分工协作能有效提升社会生产力,创新劳动的分工协作能有效提升协同创新成果的数量和质量。创新劳动的分工协作创造了一体化科技协同创新的价值,推动着协同创新的演化和经济的发展。

3.4.1　创新劳动是创新价值的唯一源泉

劳动分工是社会分工的表现形式,社会分工的实质是劳动与技术标准的组合,是生产力与生产关系演化推动的结果。国防部门与民用部门的分工是社会分工的体现。劳动分工影响劳动的价值创造,不同劳动力所能创造的价值是不一样的。劳动分工协作是产品经济发展的重要推动力,产品经济的发展进一步推动劳动分工的深化与广化,使劳动协作向专业化、模块化发展。创新劳动与重复劳动的分工协作是产品经济发展的必然结果。创新劳动与重复劳动的分工造成了创新劳动创造的价值与市场分离。这种分离使得创新劳动价值必须通过重复劳动标准化、产品化和市场化才能够实现,出现了迂回生产模式,即创新劳动—知识、技术的专利化—重复劳动—产品技术标准化—规模化生产。这就要求创新劳动必须与重复劳动协作,才能实现这一生产过程。因而,一体化科技协同创新的主要问题是在实现既定的科技创新目标时,如何实现创新成果转化及转化后的社会化生产,即构建创新劳动分工协作、重复劳动分工协作、创新劳动与重复劳动分工协作的激励结构。创新劳动与重复劳动的分工造成迂回的生产模式,导致创新劳动分工协作与重复劳动分工协作有本质的区别,主要表现在分工协作的目标,劳动对象、分工协作的方式,组织结构、分工协作的影响,对市场规模的影响,以及提升经济增长速度等方面。

创新劳动的分工协作发生在创造新质的使用价值阶段。创新劳动具有开放式协同创新的分工协作机制。在此一阶段,客观事物信息结构分解所创造的创新劳动价值已经释放殆尽,需要引入其他相关的客观事物信息结构,对其信息包裹进行分解,主要是跨学科专业知识的分工协作,通过创新提升国防能力和经济增长。客观事物信息包裹属于未知信息,并且信息价值大,还属于探索阶段,要求创新劳动建立互动交流的知识耦合与扩散机制,以及相应的组织结构。创新劳动是客观事物信息结构知识的主要载体,创新劳动之间的互动交流和专业化分类保障体系成为一体化科技协同创新的核心部分。首先,一体化科技协同创新需要建立学科知识分工协作的知识网络体系。知识网络体系需要突破企业内部垂直分工协作的传统,建立以创新网络为核心的开放式协同创新体系。企业之间可以是同产业或不同产业相互竞争的,但其创新研发部门需要建立分工协作机制,以确保各个企业能在知识网络体系中发挥作用。其次,一体化科技协同创新目标信息价值量巨大,信息结构层次复杂,不仅需要专业的创新劳动来探索发现创新目标的信息包裹,还需要更多的相关专业类型劳动的分工协作,如政府政策、科学评价、金融工程、创新孵化园区协同合作,发挥创新劳动价值向重复劳动价值转化的中介和桥梁作用。最后,一体化科技协同创新面临复杂的客观事物信息包裹,这要求创新劳动紧密甚至一体化的分工协作。企业利润用于创新研发保障的模式已不适应大规模集成创新模式的发展要求,需要建立更为广泛的利益一致的创新资源配置保障模式。创新劳动分工协作需要更多的创新资源进行分类保障,形成模块化中间产品与集成化复杂产品的创新劳动分工协作发展的模式。

科技成为第一生产力,促使创新劳动从重复劳动中分离出来,本身就是劳动分工协作的结果。创新劳动与重复劳动的分离导致产品生产呈现迂回发展的模式,即科技创新成果必须转化为实际的生产技术标准,并与重复劳动进行结合,才能形成新的劳动分工协作模式。创新劳动与重复劳动只有形成更为专业化的分工和紧密的协作模式,才能完成科技创新成果转化为社会生产发展的模式。创新劳动将客观事物存在的信息包裹进行分解,获取进一步信息包裹分解所带来的劳动分工。在信息包裹分解之前,创新劳动根据之前的信息结构呈现动态的学科知识模块协作模式。创新劳动协作模式属于事前协作,即创新劳动协作之前就会约定好创新劳动的选择机制,通过竞争机制进行选择和淘汰。重复劳动的分工形成相互关联的技术组合,与劳动结合形成特定的劳动方式,重复劳动属于特定技术标准的分工,如果脱离了整个生产体系,劳动分工的价值就会大打折扣。重复劳动协作属于事后协作,即重复劳动协作产生的价值是可进行估计的,产品进入市场后才能决定重复劳动的价值分配。重复劳动与技术标准组合的劳动方式是分工协作的集体生产方式,能够产生大于劳动分工简单加和的价值。符合各类技术标准的劳动力分工在集成一个产品时,其产品的价值远远大于各分工价值加和的累积。创新劳动与重复劳动分工协作反映的是科技与生产的分工协作。创新劳动创造具有超常价值的科学技术,重复劳动则使用科学技术创造更多的普通产品价值。

一体化科技协同创新的本质是使隶属于不同经济主体的创新劳动形成完整的创新价值链分工协作体系,由政府和市场提供创新资源保障创新劳动开展创新活动,通过创新网络对创新资源进行整合,在创新价值链的引导下,创新劳动与重复劳动的分工协作状态从无序变为有序,管理模式从政府计划被动协调走向市场主动协调。在一体化科技协同创新中,如果科技创新独立于生产系统,只为了优化国防武器装备的技术性能,而忽视民用产品技术组合的生产,就不能进入生产领域为社会创造财富。国防领域的科技创新不能转化为民用重复劳动的劳动方式,就不能形成科技创新与社会生产的循环发展,会阻碍国防科技创新发展和国家经济建设发展。因而,创新劳动与重复劳动分工协作界限要清晰,需要创建创新劳动与重复劳动的分工协作、资源配置与保障机制等组织模式,确保一体化科技协同创新的有序发展。保障创新劳动的资源不被分散在重复劳动中,分散在重复劳动的含有较高知识量的生产资源,应该更多地趋于集中,为创新劳动提供保障。一体化科技协同创新的方式可分为动员式协同创新、产业价值链协同创新、学科模块化协同创新、一体化协同创新等模式,是后续讨论的重点。

3.4.2 生产资料的知识性与知识性的生产资料

劳动创造了生产资料。生产资料自产生时就融入了创新知识。生产资料的知识性与知识性的生产资料是抽象劳动与具体劳动分工协作的体现。创新劳动能够创造出比简单劳动更多的价值。创新劳动是劳动在劳动创造的实践过程中,融入特定科技知识的生产资料组合,实现对客观物质世界的改造,创造对劳动有使用价值的产品。

1.生产资料的知识性。创新劳动创造的新质使用价值不仅包含创新劳动耗费的创新劳动力的量,也包含生产资料转移的旧劳动量。生产资料知识含量的大小可以影响创新劳动效能。创新劳动用到的生产资料知识的信息量要远大于重复劳动用到的生产资料知识的信息量。生产资料的知识性综合了其他客观事物信息结构,成为解开客观事物信息包裹的"钥匙"。生产资料知识的信息含量决定了生产使用价值的类型和转移价值的数量。产品的价值由消耗的社会必要劳动时间与凝结在生产资料的已有劳动时间转移的价值构成。如果创新劳动消耗的个别必要劳动时间呈现确定性,那么新质使用价值的主要来源是由创新劳动与含有已有劳动的知识性生产资料转移的价值共同决定的。生产资料的知识信息含量越高,协同创新的新质使用价值就会越大。在一体化科技协同创新过程中,创新目标的实现是迂回过程,即为了实现创新目标,必须先创造实现创新目标的知识信息量大的生产资料。在国防部门的创新活动中,某些关键的知识信息量大的生产资料需要几年甚至十几年才能研制成功,需要大量的创新资源保障,市场中的中小企业难以承担这种较大规模的投入,需要政府部门主导,协调相关领域的创新资源集中攻关。

知识信息量大的生产资料凝结了超大的已有劳动消耗的必要时间及之前生产资料的价值转移,其价值量呈现超常性。在一体化科技协同创新中,这一类型生产资料与一般的重复劳动的生产资料有很大区别。首先,创新劳动使用的生产资料具有公共属性,其产权属性应以公有制为主,建成开放性的生产资料实验室或创新研究中心。创新劳动可以通过创新项目申请获得生产资料的使用权。在创新过程中,知识量大的生产资料只是用作实验目的,重复劳动不使用这类生产资料进行生产。普通企业承担不起这类型生产资料的创新研发投入,只能依靠政府组织创新资源生产。其次,生产资料产权属于政府所有,限制了公共产品的非排他性,但不能限制非竞争性。一定程度的排他性使得知识信息量大的生产资料的使用价值可以在市场上进行交换,实现部分的生产循环周期。最后,创新劳动的生产资料的知识性具有知识信息量大、先进性和前瞻性等特征,这是由客观事物信息包裹决定的。为了探索客观事物更深层次的信息结构,其信息包裹需要更多代表相关的客观事物信息结构的知识的生产资料作为分解工具,这些知识之前没有出现过,但是需要在分解信息包裹之前完成创造。所以,生产资料的知识性代表了其他多个相关客观事物的信息结构,信息更先进、更具前瞻性。

2. 知识性的生产资料。创新劳动与重复劳动的分离使得知识性生产资料从生产资料中分离出来。知识性生产资料是以知识为主体的生产资料,在使用价值上要远远大于物质性生产资料,在价值意义上向创新目标转移价值的过程中基本无损耗。知识性生产资料的使用价值不仅可以重复使用,而且使用价值也大。在生产过程中,物质性生产资料需要消耗自身的一部分来完成价值转移。知识性生产资料具有非物质形态,如自然科学知识和社会科学知识等。在一体化科技协同创新过程中,知识性生产资料以非物质形态的技术形态实现价值转移,价值转移的过程中基本没有损耗。知识性生产资料的使用价值随着创新劳动创造的新质使用价值产生的新知识得到广化,知识性生产资料具有长期的不间断的积累和更为广阔的使用价值。

知识性生产资料的使用价值形态表现为专利技术、商标等具有知识产权的产品,使得知识性生产资料可以通过市场交换实现创新劳动应得的价值。知识性生产资料虽然属于非物质生产资料,但需要物质作为其载体,使其具有显性的使用价值,以及实现产品交换功能的产品属性。知识性生产资料也有非显性的方面,即创新劳动拥有非显性的知识,不能作为产品进行交换,必须以创新劳动的流动来实现知识扩散。知识性生产资料的产品化会促进重复劳动分工协作,可以影响市场规模和经济增长。

知识性生产资料的产权属性多数为创新劳动、高校、科研机构或企业所有,这种产权所有制是建立在创新劳动力产品交换基础上的,即创新劳动作为高校、科研机构或企业的一部分,而不是主体部分,其创造的知识性生产资料不能归个体所有。知识产权与创新劳动的分离将会减弱创新劳动创新的积极性。因而,政府部门应该鼓励创新劳动对知识产权的垄断性,或与企业的共有性,以此激励创新劳动开展创新活动的积极性。知识性生产资料的产品化也会促进创新劳动的分工协作,推动企业内部分工向企业社会化分工发展,学科知识模块化的协同创新将成为创新发展的主要方向。

在一体化科技协同创新中,政府部门要高度重视现有知识性生产资料的分类管理,形成知识产权利益协商的产权机制,注重政策制度的分类引导,促进知识性生产资料的专业化、模块化的分工协作。同时,知识性生产资料产权属性要向创新劳动倾斜,使创新劳动从研发系统中独立分化出来,创立知识性生产企业,成为创新价值链上的模块化企业,服务于系统集成的国防与民用的超大型企业。创新价值链与产业价值链相类似,是创新劳动为了服务于某一特定的信息含量大的创新目标形成的分工协作创新模式。创新劳动要建立服务于创新体系的学科模块化的创新企业,成为创新体系集成中必不可少的一环。创新价值链的每一模块按照水平分工协作与垂直分工协作混合的方式实现创新目标的集成。在竞争淘汰中,创新体系保留能实现的创新模块,这也是与产品价值链最主要的区别。创新体系中的模块化将创新劳动划分为独立的创新价值链,形成新的创新价值链。政府既要注重在一体化科技协同创新中引入竞争的必要性,同时也要注重模块化创新的分工的协同效应。

3.4.3　创新价值的构成

一体化科技协同创新的价值已经深深地根植于社会生产力发展的大体系中。虽然创新通过迂回的方式作用于生产力,但其价值的超常性、潜在性和颠覆性会实现社会生产力的跨越式发展。研究一体化科技协同创新的价值构成,可以系统性地分析一体化科技协同创新的动力来源和协同创新方式。

一体化科技协同创新产品的价值由两部分组成:绝对超常价值与相对超常价值。在国防部门,创新劳动创造的武器装备尖端核心技术形成相比于他国武器装备的具有绝对超常性和相对超常性的新技术优势。在民用部门,绝对超常价值与相对超常价值体现在创新价值的生成阶段与转化阶段。创新产品的价值按实体形式可以分解为三部分:创新劳动创造的新质使用价值、重复劳动在生产过程中创造的新质使用价值和生产资料价值转移的价值。

1. 绝对超常价值。绝对超常价值消耗的是创新劳动的个别必要劳动时间,是创新劳动在创造新质使用价值时付出的劳动时间。马克思对绝对剩余价值进行了详细论述,认为绝对剩余价值是劳动获得维持生产生活必要的劳动所得后被资本家占有的剩余的那部分价值。马克思的绝对剩余价值理论研究的是重复劳动生产剩余,这种生产剩余只能是重复劳动完成一次产品生产,产品通过市场的价值交换,形成的利润部分。因而,在生产系统中,绝对剩余价值是潜在的重复劳动价值的一次实现,且只有一次实现。在一体化科技协同创新中,绝对超常价值与绝对剩余价值有质的区别。在国防部门,绝对超常价值是未来武器装备的绝对技术优势,而绝对剩余价值体现的则是同等技术水平武器装备和军事人力资本量的绝对优势。在民用部门,绝对超常价值是新质使用价值的价值量,体现的是协同创新过程的复杂性、曲折性和超常性,累积消耗的个别必要劳动时间事先难以确定。绝对剩余价值消耗的社会必要劳动时间事先是可以确定,其价值含量由社会必要劳动时间决定。绝对超常价值内在地包含了创新劳动应该获得与创新价值增值超常剩余价值的部分。

创新产生的绝对超常价值的潜在性和颠覆性是一体化科技协同创新的内在动力。绝对超常价值的潜在性决定了生产价值的总量大小,如武器装备和产品的潜在生产效率、潜在质量等。绝对超常价值的颠覆性影响具有里程碑式意义的新一代武器装备和产业结构的变革,国防能力与社会生产跨越式发展,以及国家综合实力的绝对优势。

2. 相对超常价值。相对超常价值是指将创新劳动消耗的个别必要劳动时间,通过生产环节转换为重复劳动的社会必要时间产生的劳动价值量。"绝对超常价值与相对超常价值是一种价值,两种形态。"[①]超常价值分别用个别必要劳动时间和社会必要劳动时间进行计量,就产生了价值的两种形态。相对超常价值,是指重复劳动利用创新成果的绝对价值,标准化、批量化和产品化生产产品,直接进入生产领域和市场交换领域。相对超常价值构成的产品和服务的价值总量成为度量绝对超常价值的标准。在经济学理论中,学者们对创新价值的研究更多地集中在创新价值反映企业对产品成本的控制,或是设定创新价值为某一固定值,研究企业创新研发投入与利益分配机制,将创新等同于简单的技术进步。创新所蕴含的超常价值具有模糊性和不确定性,一般的经济学理论不能够解释经济增长的跨越式阶段发展。相对超常价值对创新超常价值的可度量性能够很好地解释科技创新、国防能力与经济增长的关系,以及社会生产力与生关系的变革等。在一体化科技协同创新中,相对超常价值可以反映创新成果转化为产品的价值含量和生产效率。劳动与技术组合形成劳动方式,产品蕴含的功能标准越高,其价值含量越大;技术应用越广泛,生产效率也就越高。

在一体化科技协同创新中,相对超常价值具有现时性特征,反映的是现时武器装备的技术优势和产品质量。相对超常价值是已经将创新成果转化为武器装备和产品生产,无论是国防工业还是民用产业,已经形成了特定技术条件的生产模式。相对超常价值将创新与生产制造有机地联系在一起,使得武器装备生产与民用产品生产统一起来,即实现国防部门生产与民用部门生产相互融合。这种生产能力的变化来自相对超常价值可以通过应用在武器装备或产品竞争进行检验,从而决定了战争的胜负或产品的市场结构。绝对超常价值是创新价值的内容,相对超常价值是创新价值的实现。相对超常价值为构建"小核心"的创新网络与"大协作"的创新成果转化生产体系的一体化科技协同创新体系提供理论支撑,国防部门以构建创新的基础设施为主,建立流动性的创新劳动市场,并在武器装备生产环节上建立集成式的模块化生产模式。

绝对超常价值[①]是相对超常价值的因,相对超常价值是绝对超常价值的果。绝对超常价值与相对超常价值反映的是创新与生产协调的关系,最终将一体化科技协同创新价值的生成分离性与创新价值的转化的生产性归为统一的一体化科技协同创新体系,是创新劳动与重复劳动社会分工协作演化的必然结果。

3.创新产品的价值构成[②]。创新产品的价值构成可以由相对剩余价值度量,即超常价值消耗的个别必要劳动时间转换为正常价值的社会必要劳动时

---

① 赵培兴:《创新劳动论》,中央文献出版社,2006,第71页。

② 同上书,第97页。

间。然而,仍需要进一步对创新产品价值进行分解,以此确定创新价值链的分布,分析一体化科技协同创新重要环节对创新体系动力和方式的影响,即创新价值生成的重要环节是一体化科技协同创新的动力源泉和影响合作方式的重点。

创新产品的价值来自三个方面。首先是创新劳动创造的超常价值。超常价值包含两部分:第一部分是创新劳动在创造人类尚未发现、发明创造的新质使用价值时消耗个别必要劳动时间应获得的劳动报酬,这部分劳动报酬可以通过创新成果转化生成的知识产权或专利技术进行授权,使创新劳动价值得以第一次实现;第二部分是超常剩余价值,这部分价值是创新劳动价值经过生产部门进行二次实现和多次实现后,生产的产品价值除去创新劳动获得的报酬剩余的价值,这一部分价值含量巨大。其次是重复劳动在生产过程追加的正常价值。在产品的生产过程中,重复劳动消耗社会必要劳动时间,创造使用价值,这种价值与创新劳动新质使用价值有本质的区别,是创新劳动价值的承续性发明创造。最后是在整个生产中所有物资性生产资料使用价值和知识性生产资料使用价值的转移。知识性生产资料的价值和物资性生产资料的价值都消耗社会必要劳动时间,但物资性生产资料在使用价值的转移过程中其自身使用价值有损耗,如机器、厂房等的折旧,而知识性生产资料在使用价值的转移过程中基本没有损耗。

创新产品的价值可以用公式进行说明,设创新劳动创造的价值和超常剩余价值为 V 和 M,重复劳动创造的正常价值为 v 和 m,设创新劳动使用的生产资料的价值为 C,重复劳动使用的生产资料为 c,那么产品价值构成为 V+M+v+m+C+c,或写为 (V+v)+(M+m)+(C+c)。[1] 公式清晰地表明创新价值产品构成,可以动态地说明价值形成和价值增值的过程,按照前一公式项的排列,创新价值由创新劳动的新价值、重复劳动的正常价值和生产资料的旧移价值三部分表示。"新价值"具有价值增值的功能,是价值增值的唯一源泉。重复劳动和生产资料不具备价值增值的功能,也就不产生价值增值。价值增值是一体化科技协同创新的理论基础。

在国防部门,创新劳动创造的新质使用价值能够提升武器装备的技术性能,反馈到军事敌对方时,就不是简单的对其科技创新的影响,而是该国必须具备科技创新成果在武器装备应用方面的转化能力。因而,一方国防科技创新及其应用,会给另一方带来从创新能力到生产制造全方位的影响。如果另一方只

---

① 赵培兴:《创新劳动论》,第 97 页。

具备国防科技创新研发的能力,而不具备生产制造的能力,难免会消耗大量的创新资源,给国防建设和经济建设造成负面影响。在民用部门,技术含量高的产品拥有更强的竞争能力和更大的市场规模,技术进步会带来产品市场的自然垄断,将竞争对手逐出市场。这也是民用部门追求科技创新的根本动力所在。创新劳动创造了超常价值,其价值形成过程在国防部门与民用部门并无差别,即无论由谁来主导科技创新,最终都会应用在国防部门和民用部门。如果超常价值的形成分别在封闭的国防部门和民用部门产生,那么国防部门的超常价值只能实现在武器装备技术进步指标上,而通常来说,国防科技创新始终处于科技创新的前沿,在许多方面要领先民用部门,其超常价值不能完全向生产部门转化。封闭式的国防科技创新造成国防科技不能将其超常价值转化到生产部门,会造成创新资源的浪费,而生产部门得不到相应的知识和技术扩散,就会迟滞经济增长和生产力的发展,经济建设的不良发展反过来也会影响国防建设。

第4章　美国一体化科技协同创新

美国是最早开展一体化科技协同创新实践的国家,其探索了一体化科技协同创新发展规律,构建了包含前沿科技创新评价、协同创新政策、协同创新网络、协同创新人才培养、协同创新成果转化、协同创新市场体系六大子体系的一体化科技协同创新运行体系,经济建设与国防建设实现了较为良好的融合循环协调发展,取得了较好的国防能力建设和经济建设效益。研究美国一体化科技协同创新好的经验和做法,能够为我国一体化科技协同创新建设提供有益参考。

4.1　美国一体化科技协同创新评价与政策法规体系建设

美国一体化科技协同创新政策面临的难题是如何保持短期军事需求与长期基础知识创新之间的平衡。美国政府竭力追求确保美国武器装备能拥有绝对的技术优势。美国一体化科技协同创新能够实施一体化国家发展战略,得益于美国政府持续不断地深化改革科技创新政策,保持创新劳动市场活力,确保美国在全球范围内的科技领先优势。美国政府重点建设一体化科技协同创新评价与政策法规体系,确立一体化科技协同创新的价值目标;着力构建完备的政府与中介创新评价体系,为一体化科技协同创新价值目标,即前沿科技创新做了大量探索性工作,提供了宝贵的前沿科技创新方向建议,并对一体化科技协同创新目标分阶段进行评价,为进一步资助创新项目提供依据;美国政府根据一体化科技协同创新实践发展需求与市场经济发展规律,构建完备的一体化科技协同创新政策法规体系,明确国家财政支持一体化科技协同创新重点和范围,明确创新劳动的创新收益分配、创新人才流动基本权利等政策法规保障制度。

4.1.1　美国一体化科技协同创新评价体系建设

美国一体化科技协同创新评价体系包括构建评价机构与建立创新项目方案两部分。美国政府通过构建不同层级的评价机构,主要负责创新计划评价与创新绩效评价两个方面,重点评估投资绩效与激励作用,建立以竞争为基础的创新项目资金分配方案。评价体系要满足指导一体化科技协同创新目标长期发展的要求,建立以"知识进步"和原始创新效果为标准的评价体系,引入利益相关者开展多样化评价,力求评价的科学性、准确性和及时性。

1.美国政府组建不同层级的评价咨询机构,向总统和国会提供一体化科技协同创新的战略性建议。美国政府非常重视建设创新评价体系,以准确预测科技创新发展方向及其带来的作战样式变化,为一体化科技协同创新提供相应的策略。1994年,美国国会技术评估办公室发布《军民一体化的潜力评估》,首次对军民一体化发展进行回顾,并展示了军民一体化发展潜力。2015年,美国国家科学院发布《使美国对学术研究的投资效益最大化:21世纪监管新架构》报告,提出建立新的联邦研究监管新架构,旨在推动科技相关规章制度,如法律、规章、规则、政策、指南等的内在一致性,减少行政事务对创新活动的影响,并定期对规章制度进行评价,确保不同的科技创新政策、制度协调统一。美国政府建立了完整的一体化科学协同创新评价机构,主要分为三个层级:最高层级是建立顶层的向总统和议会提供战略性科技创新建议的创新咨询机构,如总统科技顾问委员会;中间层级是国防科学委员会,主要是以国家科学基金委员会、国防部高级研究计划局、国家科学院等为主体的战略性评估机构,负责追踪前沿科技创新,制订资助一体化科技协同创新计划,组织创新项目同行评审的具体工作;第三层级是军兵种研究咨询委员会,如空军科学研究咨询委员会、陆军研究咨询委员会、海军研究咨询委员会、导弹防御局和杰森国防咨询小组等,主要负责各军种科技创新目标的实现能力,通过资助联邦政府实验室、大学实验室及相关研究机构,进行创新项目开发,建立起一体化科技协同创新网络,并适时跟踪和评估创新项目的进展情况,向中间层提供创新发展报告。图4-1是美国一体化科技协同创新体系。顶层是最高权力机构总统办公室和国会,第二层级是以国防部为中心,由运输部、能源部、国家航空航天局和财政部组成的平行机构。

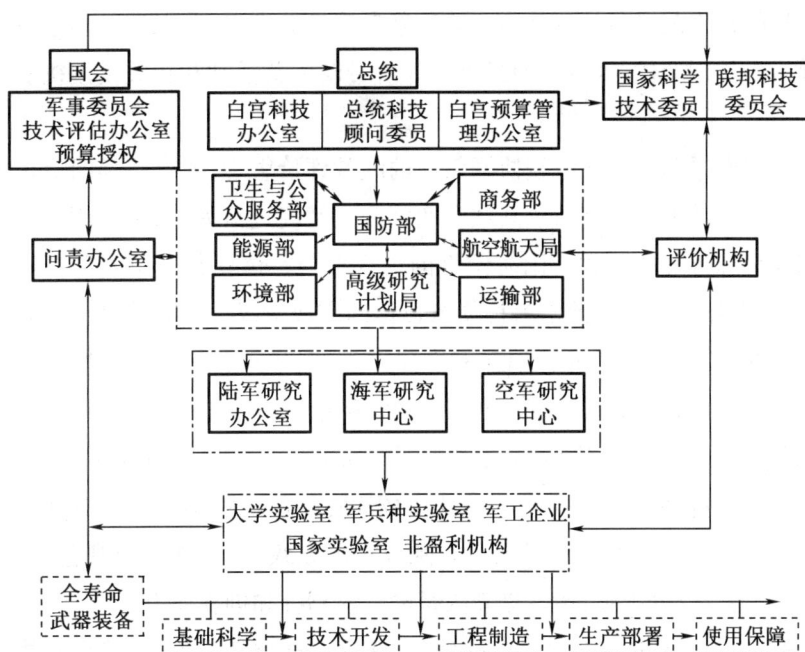

图4-1　美国一体化科技协同创新体系示意

美国国防部和军兵种研究咨询委员会承担一体化科技协同创新项目的评价工作,每半年组织同行专家对大学或其他科研机构承担的创新项目进行抽查评价,要求涉及评价的创新项目组提交科技创新进展报告,内容包括发表的学术论文、实验报告和相关数据等。同行专家评价委员会根据事先设定的评价指标进行评价工作,连续两年被评为不合格的创新网络机构,5年内不能申请相关创新课题。同行评价是一种具有竞争属性的评价方法,可以确保最优创新价值目标获得联邦政府的支持。同行评价可以揭示当前创新研发与目标创新价值的差距,以获取对前沿科技的理解和支持。同行评价是根据创新价值给出量化评分标准,以此确定资助的金额。当一体化科技协同创新目标完成后,资助创新项目的军兵种研究咨询委员会或其他部门对创新项目进行验收评价。军兵种研究咨询委员会设立"研究与技术应用办公室",负责组建评价咨询委员会,采取同行评审与项目组专家评审相结合的方式进行评价验收。创新项目经评价验收合格后,要向国防技术信息中心提交相关数据和正式的研究报告,国防技术信息中心每两周发布《技术文摘通报》。政府部门和产业部门可以查询获取创新成果的最新信息,建立科技创新成果转化与衔接的工作流程。美国政府和各评价机构围绕一体化科技协同创新目标的重要性、方法、环境等展开评价,评价的目的是将前沿科技创新与一般创新项目区分开来,确保涉及国家重大安全的前沿科技创新优先发展,通过创新评价带动创新活动和相关反馈机制的顺利运行。

美国政府强调一体化科技协同创新的绩效评价管理,要求各部门负责人在公共信息官协助下每季度对创新项目实际开展情况进行评价,确保创新项目战略规划与预算进程相一致。国防预算的进程要与一体化科技协同创新目标相互配合,每两年评价一次前沿科技创新目标的完成情况。针对前沿科技创新目标完成情况,美国政府要求各创新网络建立季度、半年、年度报告,按照一定格式形成计算机可读的文本,增强项目进程的透明性。美国政府加强评价体系的改革创新。2008年,美国国立卫生研究院发布的《关于改进同行评议的报告》中指出,加大对初期研究人员独立项目的资助,并通过跨学科专家对其创新能力进行评价排名。美国国立卫生研究院设立国家级奖项,如国家利益奖、创新先驱奖等,拓宽资助渠道,激发创新人员的冒险精神和创新能力。

2. 美国政府逐步完善评价标准体系,建立多样化评价方法,确保一体化科技协同创新全过程处于监控预测状态。一体化科技协同创新依据科学技术上取得的成就、社会效益和创新劳动收益三方面内容确立评价指标。美国一体化科技协同创新常用的方法是创新项目执行办公室(ATP)的创新绩效评价方法,分别按照创新短期效益、中期效益和长期效益设立评价指标。表4-1所示为美国创新项目执行办公室创新绩效评价指标,包括短期效益、中期效益和长期效益三个评价阶段,每一个阶段效益与决定创新能力的要素相对应。创新项目执行办公室创新短期效益评价指标是与创新能力直接相关的要素,如研发规模、范围、速度、周期和人力资本有关。美国政府通过各层级评价机构及时审定创新目标可实现的条件,确保评价的结果能反映一体化科技协同创新的真实状态。美国政府建立多种评价机构,负责不同层级的一体化科技协同创新进行评价。美国政府依托国家科学基金会,组建国家科学基金评价小组和影子评价小组,依据项目评价等级工具,考虑成本、成果和时间等实际因素,评价一体化科技协同创新的进展与预期。美国国家科学基金会依据创新价值进行评议,其评价原则:具有最高的学术价值,能推动前沿科技创新进展和国家急需重大产业目标的实现。创新评价主要针对创新项目是否具有颠覆性,并对创新范围进行评价,如早期创新概念研究的评价性资助,主要是创新具有潜在的颠覆性,实现跨学科创新。美国国家科学基金会外部专家委员会随机抽取三分之一的创新项目进行评价。美国政府通过建立外部专家创新绩效评价咨询委员会负责年度创新项目的评价,以判定"年度创新绩效"是否到达预期;建立跨部门一体化科技协同创新绩效评价,由总统科技顾问委员会或国家科学研究院理事会负责一体化科技协同创新项目评价;建立规范的一体化科技协同创新评估标准,如一体化科技协同创新价值、潜力、创新网络结构、创新劳动的创新能力与成就、所用到的实验设备、创新项目管理计划的完整程度、经费来源和使用情况等;确立核心科技创新目标,如基础科学、材料科学、生物科学、电子科学、跨学科科技创新进展、各类战略科技创新计划和国防部资助的大学科技创新计划等。美国政府及时改革一体化科技协同创新评价流程,确保程序的简化与公正。

表 4-1　美国创新项目执行办公室创新绩效评价指标一览表

时间维度	绩效维度	评估指标
短期效益	创新直接受益	科学研究与试验发展 跨学科创新范围 创新速度和周期缩短 创新人力资本
中期效益	协同创新收益	合作创新方式改变 合作创新目标达成 技术管理能力提升 创新网络联盟扩大 创新决策更加科学化
	技术溢出收益	知识产权和技术专利 技术新的应用方式 产品/流程改善 新产品/新流程
	商业化收益	月晕效果(技术能力、资本吸引、人才引进)武器装备和产品生产能力 创新成果转化

表 4-1(续)

时间维度	绩效维度	评估指标
长期效益	国家效益	新技术就业岗位增加 创新劳动分工深化 国防能力显著增强 国民收入增加
	产业效益	新产品与新流程的应用 投资效益
	外溢效益	知识与技术在产业内和产业外的扩散效益 市场效益 创新网络效益 社会效益

资料来源:谈毅:《我国创新政策绩效评价研究》,上海交通大学出版社,2013。

3.美国政府通过年度国防预算构建一体化科技协同创新的动态评价机制。美国一体化科技协同创新政策按照时间单位,分为事前评估、事中评估和事后评估,建立完整的创新过程评价。国会根据总统科技顾问委员会提供的科技创新发展报告及科技创新规划,及时批准科技创新经费预算。美国各级部门严格执行预算,按照阶段性项目评价,分阶段资助科技创新项目。美国一体化科技协同创新项目主要是由国防部或国家科学基金会等部门资助公共性前沿科技创新项目。国防部作为技术需求的发起人与资金投入方,主要是协调各部门、跨学科和实验室的计划决策和统筹协调,逐级建立一体化科技协同创新项目管理与评价工作,全程跟踪和监控创新过程。美国政府建立"基于成就的再支持"发展规划,主要资助创新项目资助到期且已取得重大创新进展的项目;建立"创造性扩展"资助计划,资助最具潜力的创新劳动。2011 年,美国政府设立跨学科风险项目内部评价机制,设立一体化科技协同创新发展目标,申请人可以向国家科学基金会提出跨学科研究申请,国家科学基金会在两个月内对申请项目进行评审,并做出资助标准。国家科学基金会一般认定跨学科协同创新的价值是以跨学科领域决定,如果是两门学科之间的创新资助金额为 100 万美元,如果是三个学科间的创新资助金额为 100 万美元。美国政府确立以技术成熟度为评价指标的科技创新评价方法。国防部在采办政策中明确要求国防采办设立关键里程碑节点技术成熟度评价,并发布了《技术成熟度评价指南》。技术成熟度评价一般按照三个关键里程碑节点开展,第一个节点是一体化科技协同创新目标进入技术开发阶段,主要是创新目标概念转化为实际的科技创新开发过程;第二个节点是工程与制造开发阶段,主要是武器装备试制过程;第三个节点是生产与部署阶段,论证武器装备的生产数量与生产能力等。技术成熟度能够有效评价一体化科技协同创新的进度、预算和要求。一体化科技协同创新目标预研阶段是漫长的孕育过程,创新目标的复杂性和风险性决定了创新评价的重要程度,需要建立有效的评价信息传递渠道。技术成熟度评价要素包含:组织结构、评价对象、评价方法和评价结果。技术成熟的组织机构分为决策层、管理层和实施层,如前所述根据不同利益诉求,设立各层级的评价组织机构。技术成熟度评价对象是获得美国国会授权的创新目标,以美国航空航天局为例,评价对象主要是航天飞机、载人航天器、行星和行星际探测器等。美国政府通过技术成熟度评价体系建设,有效地实现了武器装备从概念到生产部署的预算动态评价机制,为总统、国会和国防部提供有质量的评价报告,能全面呈现一体化科技协同创新的情况,为制定科技创新政策提供可靠的现实依据。

4.1.2　美国一体化科技协同创新政策体系建设

美国政府积极推进一体化科技协同创新的政策体系建设,通过政府行政干预实施制度供给、行政诱导改善创新环境和行政服务扩大需求层面等创新政策,促进一体化科技协同创新健康发展。

1.美国一体化科技协同创新行政干预政策具有最高强度的执行力和强制度约束,主要是以立法的形式规定国家科研机构、政府采购、技术与产品标准、技术与贸易管制等,为一体化科技协同创新提供制度性保障。美国一体化科技协同创新的政策体系按权力机关划分为三个层次:国会立法、行政法规和国防部规章等。国会批准的创新政策方案具有宏观指导的实践意义。美国国会是一体化科技协同创新政策的立法机构。完备的创新政策既是政府持续关注创新并推动立法的结果,也是创新相关利益者多方博弈的结果。1787—2015年,美国政府先后颁布了有关科技创新的法律达25项之多,涵盖了创新活动领域的各个层面。美国颁布的《1787年宪法》中对专利有明确要求,保障作者和发明者对他们的作品和发现在一定时间内的专有权利,来促进科学和有用艺术的进步。1980—1990年,是美国政府制定有关创新法案较为集中的时段。美国有关创新政策的法律是为实现某种社会、政治、经济目标颁布的最多的法律条文之一。1980年颁布《史蒂文森-威德勒技术创新法》,明确政府在一体化科技协同创新中的作用,使技术从联邦实验室转向产业界;同年还颁布了《拜杜法案》,允许政府委托的研究所的专利向小商业公司授权,鼓励私营部门参与政府设立的科技创新项目。1982年颁布《小企业创新发展法》,明确了小企业在科技创新中的地位,规定政府资助小企业创新财政支出的比例,鼓励中小企业创新。1986年颁布《联邦技术转移法》,明确了联邦实验室与私人公司协作研发的具体制度。

美国联邦政府、国家科学基金会、国家科学院、各类研究中心或智库机构,定期发布有关科技创新的报告,形成了咨询、报告信息反馈、前沿科技创新焦点等科技创新信息与科技创新项目的闭环,引发政府和全社会对科技创新的关注。1945年,由范内瓦·布什向罗斯福总统提交的《科学:没有止境的前沿》,标志着美国科学政策的产生,提出政府优先建立实验室、人才培养制度、资助制度等,报告特别强调支持军事方面的长期研究。1994年,美国政府发布《科学与国家利益》报告,是1979年以来第一个有关科学政策的总统报告。报告明确科学发展的五大目标:保持所有科学知识的前沿领先地位,加强基础研究与国家创新目标之间的衔接,培养最优秀的科学家和工程师,提高全体美国人的科学技术素养。2002年,美国国防部发布《国防报告》,国防部识别可用于国防的高新技术,吸引拥有新技术的私营企业为国防部提供科技创新,最大限度地开发各种现有装备与新技术的结合方式。2007年,美国国家学术研究委员会发布三份报告,第一份报告是《直面挑战:美国应对经济全球化的创新策略》,对比了世界主要国家的创新政策,提出了有利于美国创新发展的创新政策;第二份报告是《研究型大学与美国未来:事关美国繁荣与安全的十大突破性举措》,指出美国在未来需要什么样的前沿科技创新;第三份报告是《超越风暴:为使美国有一个更光明经济前景的建议》,阐述了创新政策激励的作用。三份报告直接促成了《美国竞争法》的产生。美国国防部与大学之间保持良好的创新关系。《曼斯菲尔德修正案》是《1970年国防批准法》的一部分,要求国防部只支持"与特定军事功能或行动有直接和明显关系"的基础研究,为保持美国大学在基础研究的独立性,该方案限制了国防部与大学保持灵活关系的基础。大学中许多涉及国防科技创新的项目被迫转移到校外研究中心,大学中的教师和学生仍然是创新主体,研究中心和大学建立了良好的互动关系。第二次世界大战期间,美国国防部与大学建立了良好的学术共同体关系,《曼斯菲尔德修正案》彻底改变了国防部与大学学术共同体之间的关系,迫使基础研究与国防科技创新的暂时性分离,使得基础研究具有独立的科学的地位。美国政府和各类机构发布的报告是针对前期科技创新政策的总结及未来科技创新政策的建议,有效地推动了科技政策的法制化进程。

2. 美国一体化科技协同创新行政诱导具有中等强度的执行力和制度约束力,主要是通过立法的形式明确一体化科技协同创新的利益相关方获取政府政策性收益,如财政、金融与税收对创新的支持,以及知识产权保护制度等。美国政府通过税收政策,如改变企业所得税率、减税和免税等政策措施,为创新企业和创新劳动提供税收优惠,鼓励科技创新。1981 年,美国政府制定《经济复兴税法》,将投资于创新研发的投资税从 49% 降低为 20%。《研究与实验抵税法》规定,如果企业增加创新研发投入,可以将再投入的 20% 用来抵税。2001 年,美国政府制定法律规定,在科技创新领域,实施永久税收优惠,激励私营企业加大创新研发长期效益的投入。美国私营企业创新研发投入约占美国总研发经费的三分之二。美国构建多元化的资助与融资体系。政府有 6 个部门涉及对创新项目的资助:国防部、卫生与公众服务部、国家航空航天局、能源部、国家科学基金会和农业部。其他资助创新的主体包含军工复合体与民用企业等。美国国防财政支出有很大一部分是资助学术机构和工程研究机构,2003 年资助金额占全部资助的 37%。美国国防部资助机械工程的金额占联邦总投入的 70%,资助电学工程占 66%,资助材料学工程占 42%,资助计算机科学占 29%,资助海洋科学占 28%。在知识产权保护制度方面,美国政府将《知识产权法》视为激励创新劳动、开展创新活动的最优法案。美国围绕科技创新优势建立了完备的知识产权体系,旨在打造全球范围内的知识产权保护制度,扩大知识和技术的经济收益。知识产权保护更加强调专利技术不能局限于信息技术、工程领域,同时也应向基础科学创新领域覆盖,通过"临时专利"一年的授权,保护基础科技创新潜在的应用价值,加速基础科技创新向产业应用的转化。

3. 美国一体化科技协同创新行政服务具有弱的执行力和制度约束力,主要是通过建立实验室、创新研发中心、信息基础建设等,为一体化科技协同创新提供硬件创新环境。美国联邦实验室拥有科学家和工程师 20 余万人,研发经费占全国研发投入的 11% 左右,占联邦政府科技投入的 40% 左右,是美国在世界上保持科技、经济领先地位的强大支撑,是政府履行国家职责和使命的重要基础。国防部下辖的 10 个国家级实验室:阿罗约中心、海军分析中心、航天研发中心、空军项目办、通信和计算中心、系统和分析中心、高级研究计划局、国家安全工程中心、林肯实验室、软件工程研究所。国防部下辖的实验室主要依托大学和非营利机构管理运行,主要从事国防安全方面的前沿科技创新活动。

美国国防部与非所属的各类实验室保持良好的合作关系,主要依据学科分类和资助机构,按照合同要约开展科技创新活动。美国国防部深知仅靠国防部内部研发机构和实验室难以吸引足够多的创新劳动开展高质量创新工作,其他各类研究机构的创新活动是国防科技创新的有益补充,国防部资助其他部门的国家实验室或大学等,获取国防部急需的关键技术。表 4-2 显示了 2014 财年美国国防部资助项目经费预算及占比,美国国防部直属科研机构按项目执行机构划分的联邦研究类经费预算资助比例要小于对外部其他科研机构的资助。按照执行机构划分的联邦研究类经费预算比例,国防部内部科研机构获得资助经费预算占总额的 32%,外部科研机构获得 68% 的资助经费预算。其中,工业界获得国防部研究类预算最高,达到 36.93%;大学管理的国家实验室获得国防部研究类预算达到 1.20%,比其他机构管理的国家实验室获得的资助经费预算要高。国防部各类机构是资助内部与外部科研机构的主要部门,需要担负起以下职责:一是监督和评价国家实验室的创新能力、创新价值和响应能力;二是确保实验室围绕所确立的科技创新核心工作开展,并及时向有关部门披露科技创新工作进展;三是确保创新合约能够顺利履行,评审与创新目标不一致的创新项目,并向国防部副部长办公室汇报偏离原因;四是定期召开利益相关方会议,明确创新项目的优先级别;五是建立必要的信息基础设施,确保研究工作信息传递畅通。国家实验室和其他科研机构是一体化科技协同创新的重要创新平台载体,是美国政府构建军民一体化创新建设的重点基础设施,确保了美国科技创新的领先地位。

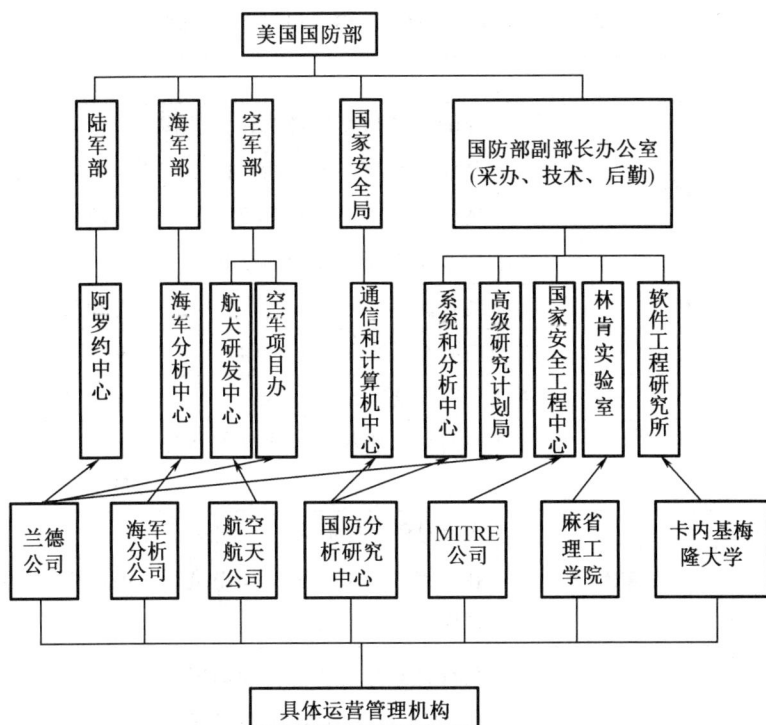

图 4-2 美国各军兵种重点实验室委托管理机构

资料来源:钟少颖、聂晓伟:《美国联邦国家实验室研究》,科学出版社,2017。

表 4-2 2014 财年美国国防部资助项目经费预算及占比

分类	项目执行计划	金额/万美元	占比/%
内部机构	直属科研机构	214 518.74	32.00
外部机构	工业界	247 608.79	36.93
	工业界管理的国家实验室	6 480.20	0.97
	大学	155 310.68	23.17
	大学管理的国家实验室	8 029.64	1.20
	非营利机构	24 291.30	3.62
	非营利机构管理的国家实验室	5 050.46	0.75
	州、地方政府	182.73	0.03
	国外机构	8 962.60	1.33
合计		670 435.14	100.00

表4-3 美国科技创新政策法规与组织机构

颁布时间	法规名称	内容	组织机构
1787年	1787年宪法	保障作者和发明者对他们的作品和发明在一定时间内的专有的权利,来促进科学和有用艺术的进步;明确度量衡的标准	国家标准与技术研究院
1790年	专利法	监督执行专利法	专利及商标局
1863年	—	向政府提出科技发展问题	国家科学院
1887年	—	研究传染病的临床诊断	国立卫生研究院
1915年	—	政府与工业部门合作开发航空技术	国家航空咨询委员会
1938年	研究是国家资源	国家对科学技术的干预;把科学技术放在国家政策框架中进行评议	能源科学委员会
1940年	—	执行武器开发的协调和援助工作,共5个部门:装甲与机械分部、燃料与毒气杀伤分部、侦查控制与仪器分部、专利与发明分部;由军方代表、杰出科学家组成	国防研究委员会
1941年	—	全国科学研究的总指挥部,负责以项目合同的方式资助大学和企业的科研活动	科学研究与发展局
1942年	—	大科学计划、洛斯·阿拉莫斯国家试验室、橡树岭国家实验室,军工复合体推动美国国家实验室体系的扩张	曼哈顿计划
1945年	科学:没有止境的前沿	标志着科学政策的产生,支持军事方面的长期研究	总统
1957年	—	协调科研管理	总统科技顾问委员会、联邦科学技术委员会

表 4-3（续）

颁布时间	法规名称	内容	组织机构
1958 年	美国国家航空暨太空法案	—	国家航空航天局、国家科学顾问组织、国防部高级研究计划局
1958 年	美国国防教育法	加强美国政府对各层次科学教育的支持	—
1962 年	—	加强政府对科技计划的协调管理；科学教育与国际科技交流；科技政策、科技财政预算、重大科技计划等以法律的形式公布	白宫科技政策办公室、国防部、卫生与公共服务部和国家航空航天局成立部长级科学官员组织
1969 年	国家环境政策法	政府的技术服务于经济利益和保护环境；基础研究从国防转向解决社会问题和促进技术进步	—
1976 年	国家科学技术政策、组织和优先领域法案	提出科学技术围绕国家利益，服务于战略目标；编制《美国科学技术五年展望》；总统向国会提交《科学技术年度报告》	总统科技政策办公室
1979 年—1989 年	美国竞争力评价报告 总统竞争力委员会报告 1980—1986 年高技术贸易动向 国防科学委员会报告 竞争力协议报告 国防部报告	美国竞争力下降；缺乏既能维护国家安全，又能保持国际竞争力的综合国家科技政策	—

表 4-3(续)

颁布时间	法规名称	内容	组织机构
1980 年	史蒂文森-威德勒技术创新法	明确政府在一体化科技协同创新中的作用,使技术从联邦实验室转向产业界	—
1980 年	美国专利商标法修正案	允许政府委托的研究所专利向小商业公司授权,鼓励私营部门从事政府组织的研发工作	—
1982 年	小企业创新发展法案	—	—
1984 年	国家合作研究法	消除了方案合作研发的反托拉斯障碍	—
1986 年	联邦技术转移法(1989 年修正案)	明确了联邦实验室与私人公司研发协议	—
1988 年	综合贸易与竞争法案	两项实验计划:先进技术计划、技术援助计划	—
1989 年	国家竞争力技术转移法	—	—
1990 年	—	促进军民技术的双向转移	技术转移办公室
1990 年	美国的技术政策	明确政府干预产业研发的技术政策、职责等;产业界知识转化为商业产品和工艺;学术界、政府研究实验室进行科学和技术基础研究;政府资助特别创新项目、技术创新、创造创新环境;教育培养创新能力的人力资源;强调一体化科技协同创新发展	—
1991 年	技术优先法	—	—
1992 年	小企业技术转移法	—	—
1993 年	—	军民一体化指导和协调机构,负责跨部门协同创新	国防技术转轨委员会

表4-3(续)

颁布时间	法规名称	内容	组织机构
1993年	国防部国内技术转让条例	鼓励国防科学技术扩散,以立法的形式强化一体化科技协同创新在国防科技政策的核心地位	—
1993年	—	科技预算成为国家议事内容;协调国家在不同政府研发机构之间的科技投资;直接管理政府一半以上的重点科技计划	国家科学技术委员会、总统科技顾问委员会
1993年	为促进美国经济增长发展技术:建设经济实力新方向	技术对保障国家安全、经济繁荣和人民福利的重要意义,确定了技术必须促进经济增长	总统
1993年	政府绩效与结果法案	保证联邦政府对创新结果而不是创新过程负责	—
1994年	科学与国家利益	1979年以来第一个有关科学政策的总统宣言;明确科学发展五大目标:保持所有科学知识前沿领先地位、加强基础研究与国家目标之间的连续、培养最优秀的科学家和工程师、提高全体美国人的科学技术素养	总统
1994年	军民一体化的潜力评估	军民一体化是把国防科技工业基础与更大的民用科技工业基础结合起来,形成统一的国家科技工业基础	国会技术评估局
1995—2000年	国家技术转让与促进法(1995)联邦技术转让商业化法(1997)技术转让商业化法(2000)	为技术成果转化创造有利的创新环境	—
1996年	经济间谍法	加强专有技术和信息维权	

表 4-3(续)

颁布时间	法规名称	内容	组织机构
2002 年	使国家更安全:科学技术在反对恐怖主义中的作用	建议利用国家科技能力,打击恐怖主义	—
2002 年	—	针对恐怖威胁,建立快速反应机制	劳伦斯利弗莫尔国家实验室与能源部卫星资源中心合并、国家生物武器防护分析和对抗中心
2002 年	国家网络安全战略网络安全加强法案	计算机网络安全维护	—
2002 年	国防报告	国防部识别可用于国防的高新技术,吸引拥有新技术的私营企业为国防部提供科技创新,最大限度地开发各种现有装备与新技术的结合方式	—
2003 年	国防工业基础转型路线图	构建"基于国防能力的国防工业基础"的战略思想,强调军事领域中的科技优势	—
2005 年	站在风暴之上	—	国家科学院
2007 年	为有意义地促进一流的技术、教育与科学机会法	加大科学研发的投入力度和促进创新,提高国家科技创新实力,构建中长期规划,保持美国科技领域的领先优势	—
2007 年	—	资助风险高、跨学科的项目	研究与创新新兴前沿办公室
2009 年	美国创新战略:推动可持续增长和高质量就业	投资美国创新的基础支撑;促进有利于激励创新企业家精神的竞争性市场;确保国家优先领域的突破	—

表 4-3(续)

颁布时间	法规名称	内容	组织机构
2010 年	加快创新研究计划	支持研究与合作,解决创新瓶颈问题;包括两类计划:技术转化规划竞赛、研究联盟竞赛	—
2011 年	美国创新战略:确保经济增长与繁荣	确保国家优先领域的突破;促进基于市场的创新;投资美国创新基础	—
2012 年	学术与工业联系重大机会计划	美国国家科学基金会资助创新研究,促进大学与工业界的合作,发展新型的大学—工业界合作关系	—
2012 年	创新合作伙伴关系:建设创新能力计划	构建学术界与小企业的伙伴合作关系,挖掘具有市场价值的科学技术	—
2015 年	美国国家创新战略	维持国家创新生态,投资创新基础要素,激励私营企业与个人创新	—
2015 年	美国竞争力重授权法案2015(草案)	确定三大联邦机构研发资助水平	—
2016 年	联邦预算法	提高联邦研发资助透明度,强化问责导向	—

4.2 美国一体化科技协同创新网络与人才培养体系建设

美国政府着力提升一体化科技协同创新网络与创新人才培养体系能力建设。政府明确知识含量高的生产资料建设主体是政府部门,国家财政与国防财政明确支持一体化科技协同创新的重点与范围,建立国家实验室、企业研发中心、科研机构及高校实验研究中心等协同创新网络基本单元,国防部通过资助科技创新项目,吸引创新劳动建立起创新网络,既培养了创新劳动的创新能力,也实现了人才培养体系中创新劳动在各实验中心的自主流动。

4.2.1 美国一体化科技协同创新网络体系建设

美国一体化科技协同创新网络体系通过建设军兵种研究中心、实验室、大学、军工复合体企业、私营企业与非营利研究中心等基础设施,设立创新项目吸引创新劳动进入创新网络从事创新活动。美国政府通过设定科技创新项目申请制度和相关合同管理制度,建立了运行良好的一体化科技协同创新网络体系。在一体化科技协同创新网络中,创新劳动通过互动交换知识和技术来促进学习和创新。

1. 美国一体化科技协同创新网络依托大学和非营利机构管理的实验室,构建跨学科的创新网络环境。一体化科技协同创新目标围绕基础研究或前沿科技创新展开,知识含量高的生产资料,如超大型数据网络与交换中心、温控实验室、大型风洞、航空航天巨型发动机测试平台、粒子加速器等,这些科技创新基础设施属于公共产品范畴,需要政府部门特别投入,创新劳动可以共享使用。美国国家科学委员会认为,"研究的基础设施"是指科学与工程学研究共同体运行和研究人员开展工作所需的工具、服务和设备,主要包括硬件(工具、设备、仪器、平台和设施)、软件(计算机网络、图书馆、数据库、数据分析、数据解释系统和通信网络)、设施运行和保障其工作效率的技术支持,有效地创建、部署、访问和使用研究工具所需的特殊环境和设施。一体化科技协同创新的能力既取决于创新劳动的创新能力,也取决于科学基础设施。美国政府认识到,一体化科技协同创新网络需要构建强大的科学基础设施,向创新劳动提供便捷的创新服务和管理任务。美国所有与科技创新有关的部门或机构都对本部门负责的实验室或研究中心进行科学基础设施建设投入,如国家科学基金委员会创建学术研究团队、先进网络、数字图书馆等科学基础设施,可以同时向多个创新网络团队提供研究支持。美国国家科学基金委员会设立"主要研究设备和设施建设"专项基金,主要资助对国家科学基础设施有较大贡献的大科学项目;国家科学基金委员会还设立"主要研究仪器"专项基金,为科学仪器的开发提供10万~200万美元不等的资助。美国国家标准与技术研究院、国家实验室、国防部研究实验室拥有许多专用科学基础设施,外部创新劳动可以根据创新项目申请使用权限。

2. 美国一体化科技协同创新网络资助体系。美国大学、国家实验室和军工复合体是国家科学基础设施的主要建造者。大学和国家实验室建造科学基础设施的经费主要来自国家财政拨付,军工复合体建造科学基础设施的经费来自企业的自身利润。因为科学基础设施的管理与维护需要较高的资本投入,美国政府规定大学创新项目中的经费必须有一定比例用于支付维护和管理实验设施的成本,但规定限制从联邦研究资助经费中支付科学基础设施维护和管理的费用比例,规定每产生 1 美元的直接成本,可以支付 26% 的维护和管理费用。美国国家科学基础设施建设并不是均衡开展,政府机构和公众过多地关注能对创新产生较大贡献的科学基础设施和基于同情的最小规模的科学基础设施,对1 000 万美元的科学基础设施资助关注较少。国防部获得的科研预算费用约占联邦政府科研预算费用的二分之一,国防部科学基础设施的建设与大学或非营利科研机构相比更新快、功能强。国防部对外部的实验室或研究中心的科学基础设施资助很少,主要是针对创新项目的资助。美国政府要求大学或非营利机构的科学基础设施资助需要其管理部门有相应的配套经费。美国能源部调查显示,在 2002—2011 年,国家科学基础设施建设投资缺口达 200 亿美元。美国政府深知国家科学基础设施是一体化科技协同创新的基础,需要重新对现有的国家科学基础设施进行评价,以确定资助范围内设施运营、维护和管理的职责,强化科学基础设施在一体化科技协同创新中的基础作用。2008—2011 年,美国政府建立了 8 个各类工程研究中心。2012 年,奥巴马政府为增强开放式创新与协同创新,批准联邦政府与私营企业建立 1∶1 的资金投入机制,建立共享管理的组织模式和协同创新的运行机制,由国防部、能源部、商务部、国家航空航天局和国家科学基金会联合投资 10 亿美元,新建 15 个制造业创新研究所,形成了由政府、企业、大学、研究机构等部门组成的创新网络共同体,旨在解决企业制造存在的技术难题,打造国家制造业创新网络。美国政府建立科研设备和实验室共享机制,加强建设军兵种、企业、大学、政府等组织的协作机制,特别是建立多元化投资机制,为基础研究和产业开发搭建桥梁,建立中小企业与前沿科技相互扶持的紧密关系。2013 年,奥巴马政府建议扩大制造业创新研究所规模,在全美建立 45 个研究所。美国小企业署和国家科学基金会建立"先进制造业就业与创新加速挑战计划",该计划是多部门跨机构的合作。同时,同类型由政府、企业、研究机构等组成的创新网络组织在各个州政府得以建立,旨在加速一体化科技协同创新的发展。

3. 美国一体化科技协同创新网络单元职能分工明确,协同较为顺畅。美国一体化科技协同创新网络的创新主体构成:大学、国家实验室、军工复合体和非营利性科研机构等。美国创新研发系统共有 16 000 多个公共与私人实验室,大约有 100 多个较大规模实验室是国家创新体系的主要贡献者。这些实验室要尽量避免重复建设,都必须面向公众开放。能源部、国防部、卫生与公众服务部、国土安全部、国家航空航天局、国家环境保护局等联邦政府部门或机构,有 600 多个大型政府实验室和 700 个小型联邦实验设施。大学主要负责基础研究。美国国防部资助大学的基础研究经费占比达 55%,资助大学应用性研究经费比例也非常大。美国国会制定《曼斯菲尔德修正案》,要求国防部只能向大学资助"与特定军事功能或行动直接和明显相关的基础研究",迫使国防部与学术共同体保持分离的状态,但美国大学是国家实验室托管机构之一,国防部与大学实验室开展科技创新并不受此影响。国家实验室和国防部实验室负责应用研究,主要承担大规模应用性军事科技创新任务;开展具有敏感性质的科技创新;完成联邦政府赋予的特殊创新使命;实现长期创新计划等。军工复合体研究机构主要负责应用研究和实验开发,旨在能将前沿科技或基础知识转化为技术领先的武器装备或产品。军工复合体所需的基础研究知识来源于大学或实验室。美国军工复合体建立了与国家实验室同等创新能力的创新机构,如国防部高级研究计划局、国家航空航天局等。著名的军工复合体有诺斯洛普·格鲁门公司、洛克希德·马丁公司、波音公司、通用动力公司等。军工复合体提出未来武器系统发展思想,并实现批量生产。美国大量的一体化科技协同创新生产的知识来自这些公司,是美国国防能力的重要组成部分。国防部注重与军工复合体企业、私营企业和大学的长期稳定的合作,如美国陆军组建"卓越中心"实验室、南加利福尼亚大学的创造性技术研究所、圣芭芭拉的加利福尼亚大学生物技术合作研究所和麻省理工学院的士兵纳米技术研究所,委托大学领导和管理,既保障了创新人才对科技创新环境的需求,也能实现关键核心科技创新价值生成与创新成果转化。

4.2.2 美国一体化科技协同创新人才培养体系建设

美国政府非常重视一体化科技协同创新的人才培养体系建设,形成了创新人才在大学、实验室和工业界有效流动的创新劳动市场配置体系。美国政府通过优化科学职业规划,制订创新人才培养综合计划,重点加强基础学科的人才培养制度建设;建立完善的市场与创新网络激励机制,促进创新劳动在市场与创新网络中有序流动;实施人才专项计划,积极拓展国际人才交流合作。

1. 美国一体化科技协同创新重点培养基础研究领域的人才,开展创新教育实验,提高创新人才的创新能力。美国政府非常重视科学、技术、工程和数学人才的培养教育,设置了从幼儿园到研究生再到继续教育的课程体系,旨在将学校、家庭和社会教育机构纳入教育系统中,培养创新劳动所需的好奇心、想象力和质疑能力。1958 年美国国会批准了《国防教育法》,目的是提升美国在科技领域的竞争优势。该法案形成完备的创新劳动培养目标,如设置了从中学阶段到研究生阶段的科学、数学和工程学的课程,向优秀学生提供资助。2010 年之前,美国许多科学家和工程师是《国防教育法》实施的直接受益者。美国政府投入巨资开展"为创新而教"的教育活动,鼓励和培养科学、技术、工程和数学领域表现突出的教师。美国政府对科学、技术、工程和数学领域教师的培养并不局限于国家计划或与大学协作等方式,也通过与创新型公司或非营利性科研机构开展合作,培养科学和数学领域的高素质教师队伍。

美国政府各部门、军工复合体和大学实验室等分散的资助结构,对创新关注的重点有所不同,各机构涵盖的创新领域不同,要求资助优先发展的创新项目,形成了多学科创新资助人才培养机制。例如,美国国家科学基金会发起"研究生研究奖学金计划",资助专业领域优秀学生的创新培养。美国卫生研究院建立主任奖计划,给予独立研究的博士生开展创新活动,资助申请只需有良好的创新计划,大大缩短了科技人才培养周期。美国能源部推出"核能大学计划",旨在培养新一代核领域的科学家和工程师,加强大学与实验室的联合培养。美国国防部建立学术奖学金、研究生奖学金支持学术兴趣培养,目的是吸引和留住涉及国家安全的关键科学与工程领域的创新劳动。

2. 美国一体化科技协同创新注重建立充分流动的创新劳动市场,使创新劳动在互动合作中提高创新能力。美国工业界雇用了较大比例的科学与工程领域中拥有博士学位的创新劳动,约占全部科学与工程领域毕业生的 33%;教育机构雇用了 47% 的科学与工程领域毕业的博士生;政府雇用的科学与工程领域毕业生占比不到 12%。各大实验室招募具有创新能力的科研人员,通过建立正式与非正式资助创新项目,推动大学人才聚焦国防创新项目。美国政府注重中小企业的创新发展,通过技术协作提升中小企业创新能力,实施有效的激励机制,保持与科学家和工程领域的专家长期联系。2007 年,美国国家实验室雇用了 2 234 位博士后,共有 2 030 人得到联邦政府的项目资助。2014 年,美国高等教育研究和发展中心调查了 895 家研究机构,将国家实验室分为学校管理的国家实验室、非营利机构管理的国家实验室和产业管理的国家实验室,其中学校管理的实验室雇用的博士后超过 1 200 人,非营利机构管理的实验室雇用的博士后人数最少。美国政府多元化资助体系使得创新劳动可以通过向不同部门宣传其创新思想获得资助。美国国防部为了突出外太空领域人才培养,特别制订了"空间人力资源战略"计划,培养空间力量建设急需的研究人才。

美国政府还制定政府部门间的人员交换法案,吸引创新劳动进入国防部各军兵种实验室,建立连贯性的创新人才培养机制。美国政府建立更加频繁的实验室访问学者交流制度,提供充足的资金资助。技术协作联盟承担军内实验室与军工复合体的研究中心、私人企业研究中心、非营利研究机构的创新劳动交流轮换职责。在奥巴马政府时期,为推动国家创新战略的实现,优先创造就业岗位和持续经济增长,推动国家在优先领域的突破,建设创新性政府,以此激活创新基础、私营部门和创新劳动要素。美国政府建立较为完善的创新劳动雇佣制度和薪酬激励体系,激励创新劳动市场的流动。在美国的各个创新研发机构中,能够获得终身制的创新劳动人数不超过整个科研机构的5%,其他创新劳动都是签订一般性的雇佣合同,完成特定的创新目标后,就会解除此次雇佣合同,创新劳动会重新进入市场寻找合适的创新目标。美国国家实验室的负责人负责实验室的创新项目,可以自主支配创新项目的资金,以此为国家实验室雇用博士后开展创新活动。国家实验室项目为创新劳动提供了创新平台,促进了创新劳动的互动协同,使创新劳动保持了较高的前沿科技创新能力。国防部建立与产出成果一致的创新劳动雇佣机制,给予更多种选择的奖金制度,吸引保留创新劳动参与一体化科技协同创新项目,实施差异化工资;建立基于绩效的工资制度,发现和挖掘创新劳动的创新能力和潜力。美国政府重视创新劳动薪酬激励体系建设,创新劳动收入主要是根据创新能力来设定的,薪酬制度设定了四项基本要求:一是按创新成果支付创新报酬;二是薪酬结构有利于激发创新效率;三是对于取得较大创新成果的创新劳动,不分年龄、级别和学位,要给予特殊奖励;四是激励创新成果少的创新劳动更好地开展创新活动。美国政府设立的薪酬制度既能充分激发创新劳动的积极性,也能促进创新劳动市场的充分流动,提升了创新劳动的创新能力和前沿科技的创新效率。

3. 美国政府积极推动国际人才交流,吸引国外创新劳动来美国开展创新活动。美国超过1/5的科学与工程领域的创新劳动来自国外,在某些关键工程领域,有1/4的创新劳动和一半以上的博士来自国外。20世纪90年代后期,在美国工程和物理科学领域的在校大学生中,国外留学生数量超过了美国本土学生的数量。美国政府为了吸引和留住国外科技人才,制定科学政策、产业政策和移民政策等激励措施,在签证许可方面倾斜照顾,如出台了《H-1B签证法案》。

2003 年以前,该类型签证数量为 195 000 人,但在法案失效后,签证数量下降到 65 000 人。美国政府科技创新资助体系成为吸引国外最优秀的创新劳动到美国学习和开展创新活动最主要的推动力。美国吸引了全球顶尖优秀人才到美国访问学习,极大地提升了美国的知识创造力。美国《2010 年科学与工程指标》报告指出,美国外籍就业人口数量从 23.5 万人增加到 34.5 万人,其中拥有硕士和博士学位的外籍人员呈上升态势。美国政府设立专项人才吸引计划,为吸引国外留学生创造条件,如建立各类基金与奖学金资助留学生计划,设立特殊的签证或居留证,使其拥有永久性居留权等。自 2002 年以来,美国授予的博士学位中,很大一部分授予了持永久签证和短期签证的外国留学生。2007 年,持永久签证和短期签证的美国留学生获取了 1.16 万个自然科学与工程博士学位。外国留学生获得自然科学与工程博士占该领域美国全部博士的 60% 以上,其中约 3/4 的博士学位获得者来自东亚。美国设立"富布赖特项目"资助计划,资助国际知名的学术组织和机构的交流与沟通,促进创新劳动的交流与合作。2011 年,美国国家科学基金会发布《通过发现与创新壮大美国国家科学基金会 2011—2016 年战略规划》,强调加强国际合作、增强美国前沿科技创新领域的国际竞争力。美国是中国大学生最大的留学基地,2010 年有 118 962 名中国学生在美国留学。美国充分利用全球的创新劳动流动,为美国的自然科学与工程领域的科技创新提供了强大的生力军。

4.3 美国一体化科技协同创新成果转化与市场交易体系建设

美国政府强化创新成果转化与市场交易体系建设,逐步实现国防工业与民用产业相统一的生产体系,通过组建超大型军民两用型生产体系,完善产业链创新研发和集成能力控制,构建全球产业结构分布,实现"小核心"创新网络与"大集成"的创新成果转化的市场交易体系,使美国国防工业与民用产业始终处于产业链的创新研发和品牌服务收益高位。

4.3.1 美国一体化科技协同创新成果转化体系建设

美国国防部重视一体化科技协同创新成果转化体系建设,通过立法的形式强化创新成果知识产权、技术专利收益分配,开展联合能力技术演示,加速实现实验室创新成果向武器装备与民用产品转化过程,发起技术转移倡议计划,跨越科技创新"死亡之谷"难题;通过组建超大型军民两用生产体系,完善产业链创新研发和集成能力的控制;重点支持中小企业获得创新能力,国防财政支出和采办要按一定比例支持中小企业创新发展,使美国经济建设与国防建设取得良好效益。

1.美国政府强调创新成果转化收益分配的激励作用,创新收益分配重点向创新劳动直接贡献者倾斜。美国政府认为创新成果转化既能提升武器装备的技术性能,也能培养与国防部创新项目相关的民用部门创新能力。美国政府于1980年通过《拜杜法案》和《史蒂文森-怀特勒技术创新法》,1986年制定《美国联邦技术转移法》,规定允许联邦实验室向美国中小企业和大学提供联邦专利的独占使用许可,允许大学与中小企业拥有利用政府资助开发的科技发明专利。《美国联邦技术转移法》规定,将不低于15%的专利费奖励给该项技术发明的创新劳动,其余85%专利收益由科研单位进行支配。这些法规明确了创新的知识产权和专利应由企业或创新劳动所拥有,创新劳动是创新活动的直接受益者。政府作为一体化科技协同创新的发起者和资助者,不直接参与创新收益分配,而是通过创新成果转化促进经济发展获取间接收益。1992年,美国政府制定《国防工业技术转轨、再投资和过渡法》《小企业技术转移法》,规定在经费分摊的国防工业改造过程中所形成的"软件"(概念、办法或设计思想等)将为企业所有,国防部对此不拥有知识产权。2003年,美国政府还制定了《国防授权法》提出技术转移计划,为选中的创新项目提供资金支持技术演示验证。美国政府制定《国防生产法》,其中第三篇阐述技术转移机制,加速一体化科技协同创新成果转化应用。美国政府为加速创新成果转化,设立技术转移办公室,发起各种技术转移计划。国防部技术转移办公室负责监督创新研发制造工艺,监督内容包括工艺技术问题、系统的开发、生产和维修保障的全部过程、制造技术的改进成果,实现产业化生产。如联合能力技术演示验证计划将科技创新趋于成熟的技术快速转化为联合作战能力,构建技术转移机制,适用于能够满足联合能力建设急需的跨军种、跨部门等综合技术集成项目,技术演示验证周期从三四年缩短为两年。1995—2013年,美国国防部共实施了143个联合能力技术演示验证项目,展示科技创新带来的技术提升,其中LINK16数据链、精确瞄准识别、宽带信息分系统等成果得到大力推广,极大地提升了美军武器装备的信息化水平,扩大了创新劳动合作机会。美国国防部发起"利用民用技术节省使用与保障费用倡议",主要是利用民用技术产品作为武器装备系统的中间产品,使国防部能及时采办最先进的民用技术或产品,提高装备的维护质量和战备水平。

2.美国政府组建大型军工复合体,创造一体化科技协同创新成果无缝衔接转化。"冷战"结束后,美国军工十大行业总承包商从35家减少至20家,后来进一步合并,总承包商集中在波音公司、通用电气公司、洛克希德·马丁空间系统公司、诺思罗普·格鲁曼公司等几家综合性军工复合体企业。军工复合体是将大学和实验室的基础研究转化成技术指标,实现武器装备的开发和生产。军工复合体企业拥有独立的实验室、研究人员和生产设备,能更加快速地实现全寿命武器系统的创新研发到生产部署。在创新方案论证阶段,主要采用技术论证与技术实现能力验证计划,将国家实验室、高校等成熟技术集中展示,将技术成熟度达到1~3级的技术成果转化为武器装备。在创新研发阶段,集中开发武器装备子系统关键技术,发起技术转移倡议,充分利用高校、实验室和军工复合体企业技术成熟度达到2~4级的技术进行成果转移。在武器装备系统开发阶段,军工复合体企业集中将技术成熟度5~7级的技术成果转化为武器装备系统。

3.美国政府重视中小企业创新能力建设,通过国防预算倾斜支持中小企业创新发展。1977年美国开展小企业创新研究项目,其对中小企业的采购会激励中小企业开展创新活动,加大中小企业在创新研发中的投入,保证国防采购中武器装备和其他设备的先进性。美国国防部每年数次对中小企业创新研发目标进行专项评价,并颁布实施创新研发主题报告来指导中小企业参与国防部设定的创新项目。国防部确定资助中小企业创新项目分为两个阶段实施。第一阶段资助费用通常限制在10万美元以内,评估中小企业创新研发项目的价值和应用前景。中小企业只有在第一阶段努力阐述创新研发目标的价值和应用性,得到国防部的认可才有机会获得第二阶段的资助。第二阶段资助费用为75万美元,用于第一阶段创新研发的后续工作,重点包括技术试验等实质性研究。中小企业创新研发最终要实现产品市场化,或提升武器装备技术优势。国防部不再资助市场化阶段的相关费用,而是通过其他市场渠道获得产品生产所需资本,如风险投资或其他持续的资本资助。

美国国防部认为技术转移实现的关键是对小企业创新研究计划补偿机制的设定。美国国防部通过建立小企业创新研究计划的补偿机制,引导中小企业对创新研发的投入,用项目管理方法来规避高风险科技创新的不确定性,但只有不到40%的项目能实现军民两用技术的转化。由于不成熟技术转移会产生技术、成本和计划的风险,现在美国国防部针对这些问题,希望小企业创新研究计划的产品和服务足够成熟并能实现商业化,以此作为国防采购的依据。美国国家科研委员会则建议,对于第一阶段与第二阶段现金流短缺的问题应该建立补偿机制,以解决可能产生影响技术转移的问题。小企业创新研究计划项目的技术转移补偿需要考察其技术创新的成熟度。通常情况下,项目的技术设计需要达到国防部采购需求标准;需要有充足的资本,主要是为了在第三阶段能顺利实现产品的开发;时效性,由于项目研发周期与国防部采购计划的不确定性,中小企业要尽可能地缩短第三阶段产品的生产周期;中小企业在创新研发过程中要与国防部主管项目的负责人进行必要的沟通与协调。国防部项目负责人负责审核中小企业的资质、项目成本、项目计划和绩效风险,根据个人的经验判断来对小企业创新研究计划项目认定补偿标准。美国国防部根据国防产业的现实需求,通过分阶段评估采购项目,确定采购项目合同以外的经济补偿标准。这些补偿机制能够培养专业的中小企业科技创新研发团队,有利于实现合同设定的目标,通过分阶段评估技术开发的成熟度实施补偿,对认定技术研发成熟的项目给予额外的资助。美国国防部针对开发周期、时效性和开发风险问题,特别强调补偿机制的灵活性,便于建立更为广泛的产品商业化和协作模式。

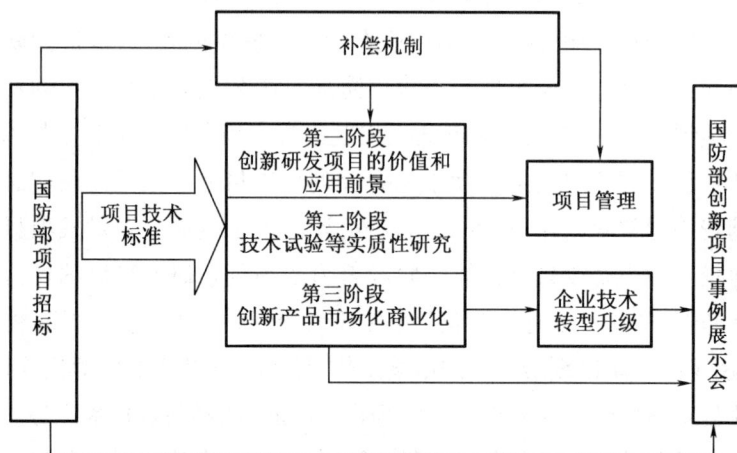

图4-3　美国国防部小企业创新研究计划项目评估流程

4.3.2　美国一体化科技协同创新市场交易体系建设

美国一体化科技协同创新市场交易体系建设主要是以国防采办的形式构建一体化科技协同创新的需求型市场;构建知识产权与技术专利交易的信息交

易平台和虚拟技术博览会,促进市场交易的形成;构建激励结构的创新劳动的流动性市场,激励创新劳动的创新能力。

1.美国政府构建以国防采办为主的一体化科技协同创新市场体系。美国国防部实施各种创新项目计划和采办政策,建立军民两用科技创新与采办计划,提升国防部与工业界实行联合投资、联合创新研发的机会。美国国防部与数百家公司、大学和非营利机构开展科技创新合作,开发了大量的军民两用科技创新项目。美国国防部通过建立创新项目契约合同方式,有效地将创新目标与创新劳动结合起来,实现了创新劳动依据创新目标互动合作的市场化运作。例如,美国国防部发起导弹防御系统的创新研发项目,三家大型军工复合体企业洛克希德·马丁空间系统公司、雷西昂公司和天合汽车集团通过合资方式组成"联合导弹防御公司",协同创新导弹防御技术。三家公司科技协同创新加速了导弹防御体系建设,生成了许多配套的中小企业。这些中小企业紧密合作扩大了一体化科技协同创新的范围和领域,增强了创新劳动的市场流动性。美国国防部重点建立交叉多学科领域创新市场,通过建立创新项目、资助创新团队等形式,构建一体化科技协同创新市场。美国国防部发起"汇聚技术"创新活动,旨在实现纳米技术、生物技术、信息技术和认知科学领域的协同和融合。这四种创新领域本身是多学科交叉的产物,其中任意两种或多种学科的科技创新都会产生巨大的科技进步和应用前景。美国国防部高级研究计划局为汇聚技术提供了大量的资金支持。美国国防部重视从国际市场中获取先进技术,通过技术比较来确定引进技术的消化、吸收和再创新。美国国防部积极推进国防采办改革,采用以知识为基础的渐进采办策略,确保技术成熟度较高的项目进入采办目录,加速形成武器装备系统的技术优势;推行"基于能力的采办"策略,以形成联合创新需求的联合作战能力。

2.美国政府建立技术交易的信息平台和技术博览会,促进技术交易市场的形成。美国国防部设立国防部技术匹配网站、技术联结中心网站和首创联结网站等,扩大技术交易市场的范围。国防部技术匹配网站主要为工业界和学术界提供创新合作的机会,发布的信息来自国防部资助的 120 个实验室的创新项目的技术需求、技术专利等。凡是注册该网站的用户,每天会收到网站推送的创新项目技术匹配机会,创新项目标注"联邦商业机会""政府合同授予""小企业创新研究计划/小企业技术转移计划招标"等信息,增加创新合作机遇,能够快速响应国防部科技创新需求。美国蒙大拿州立大学负责技术联结中心网站的运营,向用户提供联邦实验室开展的创新项目、技术转移和技术转化等信息。

大学运营的技术匹配网站对涉及国防部委托的项目信息公布较为谨慎,通常以学科需求或大科学形式发布。首创联结网站是由美国国防部技术转移办公室和空军研究实验室联合资助,由美国第一出动人员优秀技术中心负责维护,主要是搭建起国防部与私营企业科技创新项目合作的桥梁。美国国防部和各军兵种定期召开新兴技术研讨会等,召集军方领导、工业界和学术界对有潜在军事应用价值的技术进行讨论交流,促进创新概念的生成。

美国国防部技术信息中心建立和运营"虚拟技术博览会",为国防部高层提供新兴技术的信息和知识,通过企业发布的军事潜在价值、创新进展、预期创新时限等,推动新兴技术从概念论证到创新研发的进程,为国防部制定一体化科技协同创新项目提供信息和知识支撑。

3. 美国政府构建激励性的创新劳动流动市场体系,增加创新劳动互动合作的机会。美国政府认识到,开放的创新体系和流动性创新劳动市场是知识创造的前提条件。开放的创新体系建立在较为固定的创新活动场所,如实验室、大学或工业界的研发中心等。这些创新活动场所要对外开放,创新劳动可以通过创新项目申请资助获得支付创新活动场所的费用。美国政府在每一届总统任期内都会根据创新需要,加强原有实验室的建设力度,并新建研发中心,确保创新劳动能充分就业。创新劳动的创新能力需要在大学、实验室和工业界流动中得到提升,特别是实验室创新研发是知识发明创造最为集中的平台,集中了全美国大部分的博士与博士后。创新劳动通过签订创新项目合同获得创新机会,在创新项目结束后,多数创新劳动会进入创新劳动市场寻求新的创新项目。美国国防部和其他政府机构、工业界不断提出新的创新需求,创新项目的多样性和较大数量保证了创新劳动能够获得连续的创新机会,创新劳动在各独立的创新项目工作过程中提升了创新能力。美国活跃的流动性创新劳动市场是确保美国一体化科技协同创新成功最为宝贵的创新基础,是保持美国武器装备始终处于领先地位的关键所在。

第5章 一体化科技协同创新动力、方式与发展演化

前沿科技创新价值生成动力是一体化科技协同创新研究的起点。一体化科技协同创新的动力因素有国家安全与经济建设、创新劳动市场、协同创新的组织结构和竞合性动力因素四种，其中的竞合性动力因素存在于其他三种动力因素，是推动其他三种动力因素发展的基本动力。运用历史唯物主义分析一体化科技协同创新有动员式科技协同创新、产业链科技协同创新、创新价值链学科模块化科技协同创新和一体化科技协同创新四种方式，并对一体化科技协同创新的方式演化进行了分析，后一种科技协同创新方式是前一种的飞跃式发展，并且发展演化的逻辑顺序不可逾越。通过构建组织信息结构的动态博弈模型，可以较好地分析我国不同阶段一体化科技协同创新演化发展的规律，研究发现一体化科技协同创新发展的不同阶段受组织信息结构的影响，组织协同信息的效率决定了一体化科技协同创新的发展阶段，即从国防部门与民用部门分离式发展向融合式一体化发展演变。同时，组织信息结构受经济发展及创新劳动分工与协作发展的影响，经济发展越充分，创新劳动分工与协作越深入，组织信息结构的信息包裹就越分散，就越需要"小核心"的创新网络创造新质使用价值，"大集成"的超大型生产企业对分散的创新成果进行集成和转化。

5.1 一体化科技协同创新的动力

前沿科技创新价值生成是一体化科技协同创新体系运行的动力，能够促进价值生成的因素就成为一体化科技协同创新发展的动力源泉。创新产品的价值由新质价值、正常价值和生产资料价值转移三方面组成，每一方面的价值生成因素都能成为一体化科技协同创新的动力因素。一体化科技协同创新的动力因素也是本节研究的主要内容。国家安全和经济建设是创造新质使用价值的动力因素，创新劳动市场和协同创新的组织结构是生产资料转移价值生成的动力因素，竞合性动力存在于以上三种动力因素之中，影响一体化科技协同创新价值生成和创新成果转化的效率。

5.1.1 国家安全与经济建设的创新动力因素

科技创新能提升国防能力,推动生产力发展。国防部门与民用部门协同创新能促进创新价值生成,使得两部门能够统一在生产系统中。国防科技创新对生产力发展的影响超越了民用部门科技创新对生产力发展的影响。国防部门不再是单纯的消耗国民生产总值,而是成为生产系统中最重要的组成部分。国家安全压力与生产力发展是一体化科技协同创新的动力因素之一。

在国防领域,美国拜登政府在《国家安全战略》报告中将中国列为主要竞争对手,美国在太平洋海域的军事部署只会加强不会削弱。美国在我国周边扩大军事部署,对我国形成战略威慑。军事威慑来自两方面:绝对的武器装备技术优势或相同技术情况下武器装备与军事人力绝对数量优势。评估国外军事部署对我国形成的威慑,必须充分考虑大国介入形成的区域军事联盟(如美日、美韩、美越、美印、日印军事联盟)产生的威慑力。按照美国亚太再平衡战略,美军60%的兵力部署在亚太地区,将会有60%以上的国防财政支出用于亚太。2023年美国国防财政规模是8 000亿美元,按照其针对中国的情形,如果有30%军力形成的威慑力是指向中国,那么国防财政规模约2 400亿美元。2023年我国国防财政支出总额约为15 000亿人民币(约为2 000亿美元),如果我国60%军力部署指向东海与南海,那么约有1 200亿美元国防财政支出用于此方向军事任务。我国国防财政的总体规模与美国亚太军力部署的41%相当,按照国防财政支出计算,即使将60%军力部署在东南沿海,仍与美国亚太再平衡军事力量有较大差距。如果美国针对中国的军事部署升级,我国就会面临军事战略威慑力减弱,力量对比失衡,不能有效保护领土主权,如美国增加派军舰和侦察机进入或抵近我国12海里专属经济区的频次。美国为了减少"劳师远输"带来的潜在军事威慑减弱,必定会寻求修建更多的军事基地,或者组建更多的军事联盟,以应对中国武器装备的更新,那么对我国形成的军事威慑就会更大。

美国始终将武器装备的技术研发作为最重要的军事战略威慑组成部分,每年投入相对固定比例的武器装备采办费用和科技研发费用。美国国防财政支出共分为六大项:军事人员工资及福利费用、运行和维护费用、采购费用、研发与评估费用、退休和管理基金费用、军事设施费用。2022财年,美国国防预算约7 673亿美元。2023财年美国国防预算约7 648亿美元。对比2022财年(如图5-1)和2023财年(如图5-2),军事人员工资及福利费用、运行和维护费用、采购费用、研发与评估费用占国防预算总额的比例较大,且两年间各项费用变动较小。美国将采购费用和研发费用分开列支,保持相对固定比例,约占总费用的35%,可以有效保障武器装备技术的迭代更新和保持较高的研发强度,通过国防采购政策向新技术、新装备倾斜,保证新技术快速转化与应用。

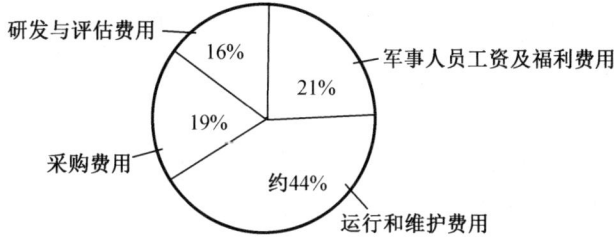

图 5-1 2022 财年美国国防预算授权

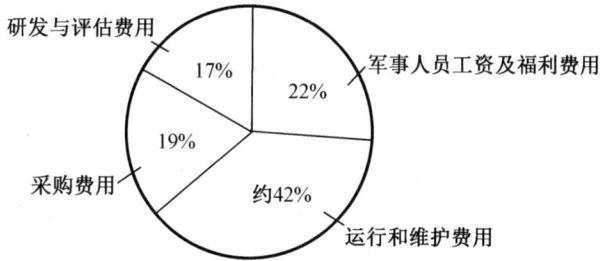

图 5-2 2023 财年美国国防预算授权

美国的武器装备综合技术优势仍然领先我国,且数量上也大于我国,迫使我国必须投入更多的资源进行科技创新和武器装备生产。这就要求必须开展一体化科技协同创新以满足国防能力建设的需要。

在民用部门,科技创新促使国际贸易分工协作逐步广化与深化。2021 年,我国对外贸易占全球贸易总额的 13.3%,外贸商品附加值逐年递增,具有较高功能水平的科技含量,机电产品、通信产品、新能源产品对外出口快速增长,与国外同质产品相比更具竞争力。美国发起的针对我国的贸易战、科技战,妄图阻止我国发展高技术高附加值的产业。现阶段,我国急需转变经济发展动能,通过高水平科技自立自强支撑高质量发展,生产结构从过去劳动密集型向资本密集型调整,生产多样化附加值高的产品。这就要求从科技创新中寻求社会生产发展的新动能。科技创新价值生成具有分离性,但价值转化能在国防能力与经济发展内在地统一为生产系统,国防安全和经济建设共同成为一体化科技协同创新发展的动力因素。

5.1.2 创新劳动市场的动力因素

创新劳动市场是指政府构建为前沿科技创新目标配置创新资源的市场运行体系与制度。创新劳动市场是为了形成一体化科技协同创新体系、通过政府政策支持构建的市场。创新劳动市场受到政府的干预要比竞争型市场更多一些，甚至在某些方面，创新劳动市场完全由政府构建，如美国国防部门主导的采购型市场。国防科技创新属于公共部门创新，是前沿科技创新活动，一般属于人类未曾发现、发明或创造的新质使用价值。国防科技创新不能形成自发的创新劳动市场，需要政府"发挥看得见的手"进行制度设计。政府通过制定国防科技创新政策和产业发展政策，明确国防科技与产业发展的重点领域，如我国发布重点科技发展方向和战略性新型产业的公共政策，引导创新资源、人力资本和社会资本向科技领域和战略性新型产业集聚。创新劳动市场有两大功能。一是政府通过政策引导和安排能够有效地激励创新劳动按照创新劳动分工协作模式开展协同创新。政策引导包括创新劳动能按照实际创新能力获得收入。这些政策要有利于创新劳动交流分享缄默知识，界定知识和专利产权，确定知识量大的物质性生产资料所有权。创新劳动的交流互动是一体化科技协同创新创造新质使用价值和新知识的关键核心要素，创新劳动创造新质使用价值的交流互动要高于重复劳动生产的交流互动。劳动分工协作塑造了生产资料私有制结构关系，重复劳动被固化在技术标准的生产流程中，形成了以技术标准机械化的分工协作形式，限制了重复劳动的交流互动范围。一体化科技协同创新需要建立适应创新劳动获取跨学科知识交流互动的新制度。这种新制度要能保障创新劳动在一定范围内的自由交流互动，不仅包括创新体系内交流互动，甚至包括系统外的国际交流互动等。知识和专利权归创新劳动，创新劳动收益实现最大化，要远远高于传统企业工资所得，将极大地影响创新劳动的创新积极性。在一体化科技协同创新中，创新劳动使用的生产资料知识信息量非常大，内在地决定其价值含量高，民用部门中小企业和创新劳动不能承担起研制开发的费用，需要由政府部门承担运行。我国知识含量大的物质性生产资料所有权归公共部门，如政府部门和国防部门，这是由我国国情决定的。国外知识含量大的物质性生产资料所有权归规模超大的军工企业，在政府和大学组建许多国家实验中心，实验设备属于政府或学校所有。知识含量高的物质性生产资料是一体化科技协同创新的保障基础，政府应该鼓励有能力的民用部门企业进行超前投入，并给予必要的资助和优惠政策等。二是政策引导能够有效激励重复劳动按照社会分工协作及市场化运作生产产品，并获得相应收入。政府的政策引导可以创造出创新价值生成与创新成果转化有效循环的新产品市场。国防部门可以利用国防工业与民用产业两种生产方式,逐步优化生产过程。政策引导产生的市场能够扩大社会分工协作,新的分工协作模式也可以扩大市场规模,加速转化为社会生产力。新产品有较高的收入回报,鼓励重复劳动向新产业转移。

一体化科技协同创新价值的实现需要强有力的制度保障,以集中创新资源开展国防领域核心科技的协同创新活动与创新成果转化。一体化科技协同创新注重培育创新优质产业等实现创新成果的转化,使得创新劳动创造的超常价值能顺利向重复劳动的正常价值转化。创新劳动市场是确立科技创新与产业协同创新发展的新型产业市场,前期的发展需要政府有针对性地对不适应一体化科技协同创新运行体制的现有制度进行调整。政府有效地推动制度改革,能促进科技创新与战略型新兴产业的发展。政府通过创新劳动市场安排,以市场运行为主体,促进一体化科技协同创新价值生成、创新成果转化、创新价值分配。创新劳动市场能协同创新劳动超常价值生成阶段与超常价值转化为正常产品价值阶段。政府可以通过税收减免、研发补贴、建立共同基金等制度解决融资问题,也可以通过制度纠正一体化科技协同创新中新型市场失灵的问题,主要是解决融资约束、生产资料所有权、知识与技术专利权等。

5.1.3 协同创新的组织结构动力因素

一体化科技协同创新需要建立较为规范的制度型组织结构,以确保前沿科技创新价值生成与创新成果转化。一体化科技协同创新组织结构与一般的民用部门政、产、学、研协同创新的组织结构有所不同。民用部门协同创新组织结构强调自组织形态,以达到稳定的协同创新状态。协同创新的自组织结构模式是建立在市场配置的基础上,各部门通过市场对创新资源的配置达到自适应协同创新发展的趋势。自组织形态的协同创新具有高度的开放性和灵活性,创新劳动的互动合作通过契约规则来运行,好处是创新组织对创新劳动的选择机会加大,弊端是创新劳动会根据机会成本选择自组织。创新劳动流动性增加,自组织的存续性会受到核心创新劳动的影响,如果其选择新的组织,那么现有组织会被迫终止。在一体化科技协同创新中,国防科技创新不是市场选择的结果,而是国家安全面临武器装备技术上的实在威胁必须要拥有的优势。

国防科技是前沿科技探索,具有创新风险大、投入成本高、创新结果不确定性等特征,市场的自组织形式难以满足国防科技创新的要求。国防科技创新的组织形态必须是自组织与他组织的结合体。他组织形态需要建立一定的制度以规范创新劳动的行为、知识性生产资料和物质性生产资料的共享范围、知识和专利权转化的技术标准限定等。一体化科技协同创新在前期准备阶段,政府部门可以通过行政手段和市场选择机制,选择创新能力强的创新劳动进入协同创新组织。创新劳动一旦进入协同创新组织,就要适应和服从制度安排进行协同创新活动。我国一体化科技协同创新他组织形态是基于总体前沿科技创新落后于美国等发达国家水平的情况,属于追赶型而不是引领型,是被动选择状态下的组织选择。美国的科技创新已经建立了自组织形态与他组织形态共存的协同创新模式,前沿科技的创新探索基本满足了一体化科技协同创新的需要。前沿科技创新内在的可以同时满足国防部门的武器装备性能与民用部门产品技术标准的需要。前沿科技的创新研发分散在各大重点实验室、创新网络团队和高校联盟创新中。在领先的科技领域,政府只需要发布创新研发的技术标准需求,创新劳动会根据技术标准自发地建立创新组织开展创新活动。在落后的科技领域,会形成以国防部门为主的他组织结构,以协调创新所需要的资源。目前,我国总体前沿科技创新水平落后于美国,一体化科技协同创新需要建立自组织与他组织的结构实现前沿科技的赶超。

5.1.4 竞合性动力因素

单纯的竞争会使劳动分工进一步广化与深化,在部门分割的情况下,造成劳动力成本持续上升,进而影响了创新研发的投入。单纯的合作,在没有竞争压力的情况下,创新时间成本最小化就不成立,创新过程进展缓慢,创新劳动互动合作不够紧密,最终会影响一体化科技协同创新的效率。竞合性动力始终渗透在国家安全压力与经济建设发展动力因素、创新劳动市场动力因素和协同创新的组织结构动力因素中,是一体化科技协同创新的原动力。在国防领域,各国的科技创新竞争是各个前沿科技创新领域的综合竞争,而不是局部的某一科技领域的竞争。这就要求我国国防科技创新在前沿科技领域是全面开展、全方位协同的创新。民用部门的前沿科技创新,天然地存在协同创新时间成本最小化要求。前沿科技创新始终存在着国际竞争,率先发现新质使用价值不仅能获得知识与专利权的优先选择机会,也会给创新劳动带来巨大荣誉。国防部门的前沿科技创新,意味着一国前沿科技创新实现了从量变到质变的飞跃,科技创新释放出的潜在价值会促使武器装备技术性能的跨越式发展。这种跨越式发展将会给竞争方带来巨大的科技创新成本和武器装备生产成本,使其在战略选择上处于被动状态。

在民用部门,同质产品存在竞争,但因各方都无法负担高昂的创新研发成本,需要在创新研发上共同设定技术标准,开展协同创新研发。在科技创新领域,竞合性动力因素加速了科技创新价值生成和创新成果转化的速度。同样,在一体化科技协同创新中,前沿科技创新也需要创新劳动开展竞争与合作。一体化科技协同创新的竞合性动力因素可以有效促进创新劳动的分工协作,加快形成国防科技创新价值链的创新劳动模块化创新,加快生产领域中重复劳动的模块化生产,以及使得创新研发与企业生产的联系更为紧密,在某些科技领域实现创新成果与生产制造的无缝衔接。在一体化科技协同创新中,开展创新竞争是非常有必要的,在局部的竞争能提升整体的协同创新效率,以及产生更多的创新成果的概率。模块化的创新模式是基于创新目标在信息结构层次上属于开放状态,通过设定统一的信息界面标准作为模块的接口,创新劳动根据信息界面标准进行局部创新研发,而与之有相同任务的创新劳动开展背靠背的竞争。每一个创新劳动只有在信息界面上有相同的标准,而在模块内部的信息封装上会有较大的区别。即使某些创新劳动的模块产品没有入选集成武器装备系统,在制度型市场的支持下,也可以在其他装备领域发挥作用,找到合适的市场机会。

5.2　一体化科技协同创新的方式

一体化科技协同创新的方式是指国防部门与民用部门协同创新合作的方式,现有的合作方式是根据国防科技创新和经济发展阶段划分的动员式科技协同创新、产业链模块化科技协同创新、创新价值链模块化科技协同创新与一体化科技协同创新。科技协同创新合作方式的选择受到国家科技水平与经济发展共同作用,每一种科技协同创新的方式都代表该历史时期科技与生产力发展水平。按照上述顺序,后一种科技协同创新方式所代表的科技和生产力都要比前一种有巨大的跃迁,是在科技与生产力方面实现了飞跃式发展后出现的新的合作方式。

5.2.1　动员式科技协同创新

发达国家动员式科技协同创新主要发生在第二次世界大战至"冷战"期间。我国则是从新中国成立以后至20世纪90年代军工企业改制前。当前,虽然一体化科技协同创新的组织方式多样,但在某些重要的国防领域仍然沿用动员式科技协同创新方式。政府根据国防科技创新需要,或前沿科技创新需要,发布行政政策,调动创新资源进行科技协同创新。动员式科技协同创新具有强制性特征,一般发生在冷战状态、准战争状态或战争状态,创新劳动必须服从国防科技创新需要。国防部门将系统性的科技创新任务进行分解,根据创新劳动的创新能力指定其承担某项具体科技创新任务。在第二次世界大战及"冷战"期间,动员式科技协同创新方式创造了重大的科技创新成果,推动了前沿科技创新多样化发展,奠定了现代科技创新的基础。如第二次世界大战期间,美国制订"曼哈顿计划"研制原子弹,动员全国40多万科技人员进行集中攻关。在"冷战"时期,美国和苏联在太空领域展开军备竞赛,双方通过动员全国科技创新劳动,快速集聚创新资源,进行大协同大攻关,极大地促进了通信科学、材料科学、动力科学等前沿学科的发展,实现了人类进入太空的梦想。美国和苏联在国防科技领域的军备竞赛为各自国家科技工业运行体系与功能奠定了基础,使科技创新成为国防建设和经济建设重要的战略支撑。我国动员式科技协同创新始于新中国成立以后的"两弹一星"工程,通过海外归国科学家带教,在短短的十余年时间,从事"两弹一星"工程的科技工作人员从最初的几十人增加到数十万人。同时期,在其他国防领域,也采用动员式科技协同创新方式,迅速建立起了国防科技人才队伍和国防科技工业体系。

动员式科技协同创新具有三方面好处:一是能迅速集中全国创新资源和工业体系,构建起重点领域国防科技创新体系框架;二是能充分利用国防科技创新目标快速培养创新劳动;三是武器装备对工业制造能力要求高,能快速整合提升我国工业工艺水平和制造能力,为我国重工业制造打下了坚实基础。动员式科技协同创新方式在后续的航天工业中仍然作为主要的协同创新方式,如载人航天工程、探月工程等重大国家项目,参加科技创新的人员都在数十万人以上,参与配套研制的企业有几千家,分布在我国20多个省份。动员式科技协同创新方式在从计划经济向市场经济转变中也经历了重大变化,主要是集中创新资源的手段由过去完全计划式改为部分计划,计划配置主要是创新劳动用到的生产资料。创新劳动的选择、国防科技创新的融资方式、科技成果转化的生产方式等以市场配置为主。

5.2.2 产业链科技协同创新

客观事物信息结构分解形成的层级是与之相对应的相关的客观事物信息输入共同分解的结果,成为产业链模块化要素:结构、界面和标准。产业链模块化的结构要素就是依据客观事物的信息结构,形成纵向分解、横向关联的模块化中间产品。"结构是指确定哪些模块是系统的构成要素,它们是怎样发挥作用的。"产业链模块化结构不是孤立地形成于某一特定科技创新的中间产品,而是融合了相关科技创新成果共同构建而成。

产业链模块化结构决定了模块的功能性分工,也是重复劳动分工协作的信息结构组合。物质的客观属性决定了劳动分工的广化和深化,以及劳动协作的方式——组织结构。客观事物信息结构的广度和深度决定了其内涵和外延,也决定了劳动分工协作的价值。物质的客观属性决定了一体化科技协同创新由动员式科技协同创新向产业链模块化科技协同创新方式演变。劳动分工协作方式的变化推动着产业链科技协同创新结构的变化。动员式科技协同创新方式旨在建立国防科技工业体系和武器装备生产体系,在创新资源和物质资源匮乏的年代,在客观事物信息结构分解不充分的情况下,我国国防科技创新处于追赶国外已有武器装备的技术性能的局面。军工企业只实现了企业内垂直分工,并没有形成可选择的多样化中间产品。创新劳动与重复劳动分工界限较为模糊,协作方式较为单一。产业链模块化科技协同创新克服了动员式科技协同创新的缺陷,建立了较为开放的科技创新与产品生产体系,增加了武器装备生产需要的中间产品种类,中间产品可选择性也提升了,产业链模块化的结构也随之做出了相应的调整,但国防科技创新与民用产品创新分割的局面仍未得到改善。

产业链模块化的界面要素是指客观事物信息结构分解的层次可以作为武器装备或民用产品的纵向界面,相关的其他客观事物信息结构与其相对应的信息结构层级形成横向的界面。纵向界面保证了武器装备或产品整体的可集成性,横向界面则保证了武器装备或产品的功能性扩展。产业链模块化界面也是劳动分工协作的界面,指导劳动分工协作的方式与模块分割的界限。科技创新与产品生产更多来自武器装备与产品的信息结构分解,然后再向其他产业扩展。

产业链模块化的标准要素是指客观事物信息结构分解的层次信息组合,可以作为武器装备或民用产品所要实现的具体技术或功能标准。如果结构要素和界面要素决定了劳动分工协作的界限,那么标准要素则是劳动分工协作所要创造的具体对象,即实质性地创造超常价值和正常价值。标准要素的实现过程将会影响界面要素和结构要素的界定。因为客观事物的信息结构分解只实现了内部的分层,并未全部实现与其相关的客观事物的信息结构分层,需要通过反复的实验去验证标准要素的适应性。结构要素与界面要素界定越不充分,则标准要素就需要更多的实验来验证其适应性。

在产业链模块化科技协同创新中,已知武器装备性能和产品功能指导科技创新的发展方向。虽然在生产领域实现了较大程度的重复劳动分工协作，但仍未完全实现创新劳动与重复劳动的分工协作。这主要是由客观事物信息结构分解不充分、层次不清晰、与相关的其他客观事物信息结构的内在联系研究不深入造成的，一体化科技协同创新仍处于被动式的发展状态，前沿科技创新能力偏弱，应用型科技创新较强。在动员式科技协同创新中，民用部门只能被动吸收国防科技工业知识和技术溢出；在产业链模块化科技协同创新中，民用部门可以主动吸收国防科技工业的知识和技术溢出。

5.2.3　创新价值链学科模块化科技协同创新

创新价值链学科模块化科技协同创新始于信息技术发展的时代，借助生产资料信息化技术，创新劳动与重复劳动得到充分分工协作，在武器装备或民用产品的预研设计方面，创新劳动初步使用信息技术，将创新目标相关的客观事物信息结构进行分类。随着前沿科技创新的发展，客观事物信息结构分解向深层次迈进，信息技术能进一步完成学科模块化的分类，促进了创新价值链学科模块化的发展。创新价值链学科模块化科技协同创新，是指创新劳动使用信息技术将客观事物信息结构进行分类，分类形成了创新价值链的学科模块化，产生了新型组织结构的科技协同创新方式。

学科模块化是劳动实践过程中劳动分工持续广化与深化的结果，是产业链模块化发展到后期，创新劳动的超常价值超越了重复劳动的总价值演化的结果，创新劳动价值居于主导地位，开始真正指导产品生产。在创新价值链学科模块化发展的前期，创新劳动开始从产品创新研发转向前沿科技创新，导致创新目标与生产的暂时性分离，超常价值转化为正常价值的过程更为迂回，创新与生产的关系变得更为复杂和迂回，创新成果需要借助各种创新中介来分担创新价值的信息结构，完成创新成果转化为产品生产。超常价值需要借助这些中介才能实现向正常价值的转换。创新价值链学科模块化科技协同创新创造的社会财富还不是很丰富，融资约束、知识与技术代际扩散减缓、信息化程度不高等制约了创新价值链学科模块化科技协同创新的发展。

融资约束成为创新价值链学科模块化科技协同创新不可逾越的障碍。虽然当前创新资源逐渐变得充裕，但是市场可选择的创新目标并不是很丰富。融资约束会对创新价值链学科模块化科技协同创新产生负面影响。其一，创新价值需要通过市场评估，筛选出最能转化为产业链的产品。市场评估筛选具有潜力的创新价值，会选择与产业链比较紧密的科技创新，市场选择的短视忽略了更有价值的前沿科技创新。其二，融资约束会导致创新劳动选择的偏好，更多的创新劳动从事超常价值转化为正常价值快的产业链,较少的创新劳动选择科技协同创新价值高的创新目标。其三,融资约束常常导致创新劳动在创新过程中受资本困扰而不得不中途放弃,增加了创新失败的概率。创新价值链学科模块化科技协同创新需要更为专业化的金融工程作为保障,即创新劳动的一部分从事金融工作,可以有效解决上述三类问题。

知识和技术需要通过教育实现代际扩散,增加了创新劳动的投入成本,特别是基础知识的累积和专业学科的深化增加了创新劳动掌握所需要的学科专业知识的时间成本。前沿科技创新的发展生产了大量的知识,创新劳动想要掌握前沿科技知识需要有良好的教学环境和专业化的培训,创新劳动要经过社会层层选拔,才能被确定为适合该专业学科学习培养的对象。知识量的增加造成知识扩散减缓,对创新劳动创造的超常价值转为正常价值产生负面的影响。创新劳动要借助生产资料——信息技术对知识的分类,以及创新劳动将对技术进行标准化数据化并注入生产资料中,才能突破知识和技术扩散减缓对科技协同创新的负面影响,甚至在信息技术与工业技术的帮助下,能够提升科技协同创新的超常价值和创新效率。

信息技术是创新价值链学科模块化科技协同创新知识分类的必然结果,是固化在物质里的知识性生产资料,是知识的物质表现,实质上是知识性生产资料。信息技术是知识性生产资料的物质化形式,但更是创新劳动进一步分工协作的结果,以及实现前沿科技创新必须要借助的最重要的知识性生产资料。信息技术作为产业链模块的"催化剂"以不同的形态出现在其他产业中,加速了其他产业结构的调整,创造新的产业、新的产业组织和制度创新,产生新的有活力的企业组织,并为不同产业间的融合建立桥梁,有效降低交易成本,更好地完善资源配置。

在创新价值链学科模块化科技协同创新中,国防科技工业与民用产业对信息化技术创新研发的目的和作用不同,国防科技工业的信息化产品在创新研发过程强调提升国防装备战斗力,民用产业信息技术的创新研发过程则强调提升民用产业资源配置效率和生产效率。信息技术是各种专业化知识综合体的知识性生产资料,需要产业链模块发展到高级阶段才能创造出来。在国外,发达国家的国防与社会信息化、工业化融合基本由私人公司主导,国防部门可通过政府采购施加具体影响力,引导私人公司创新研发所需的信息技术;在国内,国防部门与民用部门的分割,会限制创新价值链学科模块化科技协同创新的发展。在市场经济逐步完善的过程中,市场在资源配置中起决定性作用,信息技术为国防科技工业与民用产业链模块化融合提供了保障,通过创新劳动在军用领域和民用领域缝隙市场开创标准化产品,推动科技协同创新、经济建设与国防建设深度融合发展。

创新劳动进一步分工协作推动了创新价值链学科模块化科技协同创新,是创新劳动分工协作深化与广化的结果。创新价值链学科模块化科技协同创新必须借助信息技术的高度发展,即知识性生产资料进一步物化,才能形成创新价值链学科模块化科技协同创新方式。随着信息技术和生产的发展,融资约束、知识与技术代际扩散减缓对创新价值链学科模块化科技协同创新的影响将会得到缓解,甚至彻底解决。创新价值链学科模块化科技协同创新的方式将会进入一体化科技协同创新方式。

5.2.4 一体化科技协同创新

产业链模块化发展进入数字化、智能化生产方式为创新劳动与重复劳动的完全分离提供了物质生产资料保障,创新价值链学科模块化为知识性生产资料的物化提供了基础保障,信息技术的发展为创新劳动分工协作的深化与广化提供了知识性保障。一体化科技协同创新是指创新劳动充分进行分工协作,利用信息技术进行数据筛选、逻辑运算和迭代仿真,实现前沿科技创新、武器装备和民用产品一体化设计,通过产业链模块生产组合进行生产,实现用户需求的个性化定制和生产。大数据仿真设计取代了传统的设计—生产—修复—定型的周期过程,真正实现了从用户需求到创新价值链学科模块进行创新设计再到产业链模块进行生产。在国防领域中,武器装备的核心技术都是严格保密的,只有在实战中才能比较双方武器装备的技术差异;在民用领域中,多样化的产品意味着市场规模的扩大和用户个性化功能需求的满足,这就要求一体化科技协同创新具备敏捷响应的能力,快速进行科技创新与创新成果转化。仿真迭代已经完成了武器装备或民用产品的科技创新向技术指标集成的全过程,实现了科技创新和生产制造优化的全过程,只要将仿真产品与智能化生产终端相联结,通过指令输出运用3D打印技术,就可以真正实现一条生产线生产武器装备和民用产品两种用途。

一体化科技协同创新方式需要高度发达的信息技术和创新劳动分工协作。武器装备或民用产品通过产业链模块化生产,使用数字传感器对每一模块进行适时检测,并利用信息无线传输技术,将全部模块耗损情况汇总到数据库。创新劳动可以通过数据挖掘与分析,判定改进影响武器装备整体性能和局部性能的技术因素,将数据挖掘到的有用的信息编码形成新的知识。在前沿科技探索领域,智能化的生产资料会根据客观事物信息结构进行分解,其他相关客观事物信息结构利用全息技术进行立体呈现,创新劳动根据相关信息结构进行创造性劳动,智能化设备根据新加入的数据进行统计分析,提供给创新劳动,最终生成前沿科技创新价值,快速转化为创新价值链学科模块化,进一步转化为产业链模块化进行武器装备与民用产品的生产。

一体化科技协同创新是人类社会进入全面协同创新和用户个性化大生产的时代,具有无可比拟的优势:一是信息技术和大数据极大地缩短了科技创新与生产之间的时空距离,使得国防建设成为生产力发展的一部分,而不是社会财富的消耗;二是一体化科技协同创新加速了创新劳动进一步的分工协作,简化了复杂的生产系统,使其真正实现灵活的产业链模块化生产;三是一体化科技协同创新进一步控制了创新与生产成本,知识性生产资料和物质性生产资料满足了人类生产发展的需要,生产资料的私有性质向公有性质过渡;四是一体化科技协同创新发展后期,创新劳动成为人类唯一的劳动,人类不再受生产资料的约束,真正实现了人的全面发展。

5.3 一体化科技协同创新发展演化模型分析

现阶段,我国一体化科技协同创新需要构建需求牵引的制度性市场和制度性组织结构,这是由前沿科技创新的特征决定的。一体化科技协同创新最终的目的是实现协同创新价值能够转化为武器装备与民用产品。一体化科技协同创新需要构建各类创新网络,实现创新网络与市场互动,使得创新资源配置的效率最大化。一体化科技协同创新体系的类型,即组织的类型,会影响一体化科技协同创新体系的运行效能。组织的类型可以分为等级体系与多级体系。政府为实现一体化科技协同创新构建了制度性组织,组织的信息结构会影响一体化科技协同创新的发展演化。

5.3.1 一体化科技协同创新发展演化的影响因素

不同的组织信息结构是造成组织间绩效差异的主要因素,组织信息结构会影响一体化科技协同创新发展演化的路径。斯蒂格利茨研究了两种组织结构体系差异对创新收益的影响,研究发现多级体系分散决策的收益要高于等级体系。他提出的假设条件是,两种体系对既定的好方案与坏方案的选择产生的收入差异,组织内部的信息结构作为隐含的假设,决策的效率是由选择不同方案的概率内生于组织的。一体化科技协同创新围绕国防前沿科技开展,具有高度不确定性和复杂性。创新产生的新信息是知识的来源,创新网络(组织)的创新效率决定创新网络的组织结构,如何处理创新体系中创新劳动产生的大量信息,谁来负责搜集信息,搜集的信息内容是什么,谁来负责传输交流信息,交流的信息内容是什么,这些问题构成了一体化科技协同创新网络的结构与内容,决定了创新网络的组织信息结构,实质上反映的是一体化科技协同创新网络的创新效率。

经济学界关注信息的获取能力始于信息的成本观念。曼昆和莱斯引入信息刚性的约束,他们认为,当决策者选择在当期更新信息时,所获得的是一种理性预期,而且信息在人群中的散播是非常缓慢且有成本的,决策者不会实时更新信息,进行决策时会选择折旧的信息去形成自身的预期,这就是黏性信息理论。卡罗尔提出了通胀预期的流行病学模型验证了黏性信息理论的正确性。西姆斯等提出噪声信息模型,认为信息加工会产生信息处理成本,强调信息成本的问题,决策者可以持续的更新信息集,但面临着信号有效筛选和信息滤波的问题,导致其可能永远无法了解真实状态,从而产生有偏预期。他引入信息理论,指出对信息流的度量是对不确定性减少的度量,而这种不确定的度量则是通过引入熵来度量。

创新劳动创新能力的异质性差异导致一体化科技协同创新网络加工信息成本的差异,使跨期选择的动机成为可能。跨期选择是创新劳动获取收益的自然选择,当期价格下降识别创新劳动的创新能力。在跨期价格歧视中,创新劳动会根据前沿科技创新发展水平决定当前创新的努力程度,如果预测下一期创新的努力会获得更大收益,就会增加知识存量。创新劳动的跨期选择行为受市场影响。同样,国防部门受国家安全压力的影响,会在当期增加创新投入,努力积累知识存量,以应对不确定性危机对国家安全造成的影响。国防部门跨期选择行为的动机来自创新价值变动带来的节约效应和国防支出增长带来的替代效应。经济学在对新古典跨期选择模型进行批评的基础上认为,收益的折现率高于损失的折现率,小额效用流的折现率高于大额效用流的,对延期的事件折现更多,在选择结果序列时,人们更偏好递增序列而非递减序列。心理学家认为,与当前或近期的损益相比,人们总是倾向于赋予未来获益或损失更小的权重。麦克卢尔于2004年发表在《科学》杂志上的研究报告,首次从神经机制上证明,不同的神经系统负责加工人类赋予即刻和延迟金钱奖赏的价值,证实了跨期选择中的时间折扣可能是个体的稳定特征之一。个体、群体及社会因素均可能与个体的时间折扣程度相关联。跨期选择研究的共同点是,跨期选择行为存在于创新网络与市场互动中,创新劳动通过价格歧视能获得更高收益,跨期选择行为动机明显。在严格的限定条件下,创新劳动在不同时间点的时间折扣率可能会发生行为选择的偏好反转。在设定适用范围、发生条件、作用机制、影响特征等风险条件下,跨期选择影响可以为制定政策提供有价值的参考,"风险的差异性"能有效解释风险性跨期选择的过程。

围绕一体化科技协同创新组织信息结构类型的比较分析,通过构建跨期选择的博弈模型,研究创新网络加工信息的能力对一体化科技协同创新发展演化的影响,通过分析博弈模型得出有意义的结果。

5.3.2 构建一体化科技协同创新跨期选择博弈模型

1.信息的定义。"信息是什么?约束信息的传播又是什么?"香农作为一名数学家,也是一位工程师,通过两个方程给出了以上两个问题的终极答案。

$$I = -p\log_2 p \tag{5-1}$$
$$C = W\log_2(1+S/N) \tag{5-2}$$

式(5-1)中的 I 代表信息的量,p 代表事件发生的概率。式(5-2)中的 C 代表信息传输的容量;W 代表带宽,即信息载荷量;S 代表信号的强度;N 代表环境噪声。式(5-1)是解释信息的含义:一个事件越是不可能发生,它的发生就传达了越多的信息。式(5-1)给出了在意外和概率的基础上获得的有关事件的知识信息,信息和你所不知道的东西的多少成正比。同时,构成一件现实实有的事实的任何要素都能分解为一串适当大小的比特的信息量。式(5-2)的含义是,在给定的媒介中,每秒钟可以传输的比特数有一个极限,这个极限是由信道的带宽和噪声规定的。

比特作为信息的计量单位赋予信息可以作为产品计数,以确定获取信息的成本,表现在创新中,创新的不确定性越大,需要的额外知识也就越多。如果创新劳动开展创新活动以失败告终,意味着所负责的创新子模块遇到了难以逾越的创新障碍,即知识的不可获得性。创新体系中创新目标的不确定性越大,所蕴含的创新复杂性也就越大,创新劳动在创新过程中生成的信息量也就越多,需要协同的信息量也就越大,创新劳动获取信息的成本也就越高。如果创新劳动在开展创新活动中生成了大量信息,在没有协同的条件下,以一种无序的状态存在,那么创新体系运作的效率就会降低,甚至无法实现创新目标。

现代武器装备系统功能越来越复杂,武器装备系统是由各种工程学科知识转化成现有功能价值。为实现武器装备的整体功能,创新活动生成了大量的信息,简单的等级制创新体系无法应对这些信息,信息的加工与传输会占据大量的人力资源与创新资源,如果组织结构不能适应信息结构的这种变化,就会影响组织的创新绩效。同时,等级制创新体系不能很好地解决显性信息——知识产权的归属问题,在缺少内部激励的机制下,创新的活力就会减弱。基于以上两方面,一体化科技协同创新的目的是解决复杂武器装备系统创新的不确定性,通过构建创新体系的组织信息结构,降低协同信息的成本,提升创新活动信息转化效率。

组织结构的演化是伴随协同信息的效率进行的。青木昌彦在《比较制度分析》中对 6 种组织信息结构做了比较分析,研究发现组织绩效随着组织信息量的增加而发生变化,组织处理信息的能力越大,组织的形态越趋于竞争状态的多级体系,创新企业的规模呈小型化模式开展创新活动。人力资本在创新研发中起着关键作用。青木昌彦引用布赖恩·约瑟夫森的理论对人力资产做了定义,并将其分为个人型和背景导向型人力资产。因为人力资产是一种固化在人身上的信息加工技能,信息加工的能力内生于人力资本,成为不可分离的信息资产。同时,可以编码的非物质和非人力的信息资产,如软件、数码内容、知识发明等属于"可分离的信息资产",资产化以后可以在市场中进行交易。

在一体化科技协同创新体系中,创新劳动以隐蔽的方式从事可分离信息资产的信息加工活动,人力资本与可分离信息资产在创新体系中发挥着关键作用。

图 5-3 展示了组织结构的类型及相关资产,即人力资本与信息资产分离特征在形成组织信息结构的演化,最终导致信息结构的三种类型:层级分解、信息同化和信息包裹。"在层级分解中,为了适应功能分工清晰的信息加工任务,人力资本必须是个人型的;而在信息同化模式中,人力资本则导向信息共享的组织场景。"信息结构的三种类型中任意两种组合就形成了可比较分析的 6 种组织信息结构。青木昌彦着重研究了形成组织信息结构的内在机理,可以指导创新体系建立需要构建的组织信息结构,但他没有论述创新主体产生的信息量,以及协同信息成本可能对组织信息结构的影响。

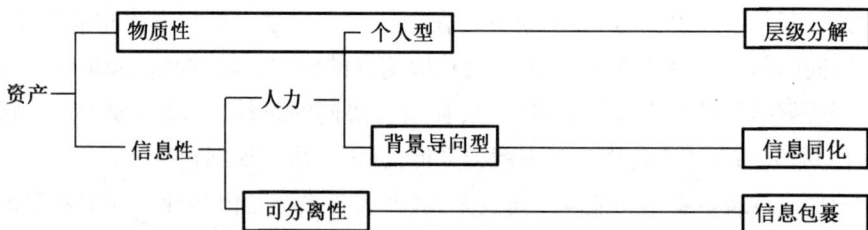

图 5-3 组织结构的类型及相关资产

资料来源:青木昌彦:《比较制度分析》,上海远东出版社,2001,第 138 页。

2. 协同信息博弈模型的构建。在模型的构建中,必须给定协同信息所处的局部环境,提出一些符合状态的假设条件和限定分析的范围。

条件1:创新体系的建立是为了满足武器装备或产品功能的实现,该功能的实现需要恒定的显性化的知识——信息量 $I = -p\log_2 p$。

条件2:创新事件发生的概率 p 是由创新劳动的效用做出创新活动选择的决策决定的,创新劳动的效用是由间接效用函数收益与努力程度 e 之差决定的。

条件3:因为人力资本自身加工信息的内在性,信息可以分为可分离性的信息包裹 I_t(t 表示信息分离的表征部分,即创新劳动披露的真实信息)与不可分离性的隐性信息 Ih(h 表示信息不可分离的隐性信息,即创新劳动的隐蔽信息)。本书提到的创新活动产生的信息经过协同后,都可以作为可分离的信息,只是创新劳动为追求利益最大化而保留了一些信息,这些信息称为隐蔽信息(人类对未知领域的探索遵循可知论原理,即客观规律已定,通过人类不断努力的探索是可以发现并掌握的)。

条件4:可以完全披露信息的创新劳动出于机会成本的考虑,不会完全披露真实信息,而是考虑跨期选择的收益,做出选择披露信息的决策。不披露的信息意味着在下一期信息披露的收益要高于上一期(创新劳动对创新研发的努力不断获得新信息,这种努力的激励来源于创新劳动两期内追求利益最大的结果)。

条件5:作为信息集合的知识在创造过程中,因为存在竞争性,会有折现的发生,折现率为 r。

条件6:协同信息的成本服从香农方程对信息传输的分解,即最小成本的信息传输是以信道为二进制的传输。

条件7:本书遵循信息对称条件的委托——代理合同的一般范式。国防部门提出武器装备研发的创新项目,组建创新体系,通过合同的方式将创新项目分包给代理人——创新主体(民用部门)。

国防部门有协同信息获取民用部门创新活动全部信息的动力,即使协同信息的成本随着国防重大工程项目复杂性而增加,但国防部门对防务装备发展的现实需求仍激励协同信息来促进创新劳动披露更多的信息,作为未来前沿科技的前哨,协同信息会获得前沿科技研发的成本节约,可以获得额外的信息储备收益。民用部门创新劳动在选择是否跨期披露隐蔽的信息,取决于是否跨期选择的收益要高于现期披露。因为无论参与何种创新项目,虽然在创新目标既定的情况下,所产生的信息量基本已定,但复杂创新体系工程本身的不确定性非常大。信息的产生来自事件发生的不确定性,事件越是不容易发生,信息量就越大。那么也就是说,复杂的国防创新体系工程所产生的信息量一般要高于既定的创新目标所需的信息量。这也是发达国家致力于发展国防领域创新项目,引导前沿技术发展的主要原因。创新劳动跨期选择信息披露是基于参与国防重大工程项目在披露已有的信息中,可被市场感知的创新价值,也就是说,创新劳动在跨期选择中披露信息能预期获得更好的信息收益。如果创新劳动自愿披露信息,那么协同信息的成本就会降低很多,甚至成本可以忽略不计。

国防部门与民用部门在一体化科技协同创新中的关系就可以分解为传统的信息需求方与供给方。国防部门根据武器装备的功能目标做出计划需求,民用部门根据已有的知识、技术参与国防重大工程项目进行创新,在创新活动中生成信息。确定博弈双方在跨期选择利益的考虑,就可以构建跨期选择博弈模型。

跨期选择是对发生在未来不同时间点上的结果做出权衡的决策过程,跨期选择中创新劳动存在普遍的时间折扣倾向,即将未来的价值折扣后与当前价值进行权衡,是心理效用、行为决策共同决定的行为选择,跨期选择动机会对供给者和需求者行为产生影响。创新劳动自觉跨期选择行为能获得更好的收益水平。有能力的创新劳动希望通过市场控制力来延长跨期选择区间,对需求者进行跨期选择供给。在国防财政创新研发支出不变的情况下,国防部门获得的武器装备的功能降低,跨期选择行为对国防部门产生不利影响。随着国防财政在创新研发中增加支出,国防部门可供选择的创新劳动替代性增加,国防部门对某一种创新研发成本变化的敏感度下降,国防部门协同信息的意愿降低,对创新劳动跨期选择产生的不利影响减少,可以假定国防部门跨期选择行为对其可供选择的创新劳动的替代性没有减少、效用不变。

通过参与国防重大研发项目的活动,民用部门创新劳动在已披露的信息过程中,会被外部市场环境观察到,参与的创新项目越复杂,披露的信息越多,意味着创新劳动的创新能力越强,所隐蔽的信息价值就越大,创新劳动的自身价值越高,也就越容易形成硅谷发展模式的创新集群,创新劳动对可能实现的创新价值更愿意通过上市或被大企业收购实现利益最大化。不对称信息下的博弈矩阵模型见表 5-1,将一体化科技协同创新中国防部门与民用部门跨期选择行为划分为四个阶段。0 期代表不做出跨期选择的行为,1 期代表做出跨期选择的行为。市场的建立也是根据经济发展阶段逐步形成的,根据我国经济的发展阶段划分为计划经济与市场经济。复杂武器装备创新按照创新劳动生成的信息量的差异与跨期选择的不同组合分为四个发展阶段:用 K 表示跨期选择,

$K(0,0)$表示一体化科技协同创新的第一阶段,$K(0,1)$表示第二阶段,$K(1,0)$表示第三阶段,$K(1,1)$表示发展的第四阶段。假设从$K(0,0)$到$K(1,1)$,一体化科技协同创新体系产生的信息量是递增的,服从香农的信息论方程。其中,v是国防部门的间接效用函数,$\pi(I)$是国防部门的收益函数,$s(I)$是民用部门的收益函数(即合同收益),c是协同信息的成本,α代表需要将民用部门创新活动中产生的所保留的隐蔽的信息占总信息量的份额,p是信息的价格,r是信息价格折现率,A表示在硅谷创新模式中一旦创新成功将会有巨额收益回报,假设回报可预期是一个固定常数。矩阵中上方的式子表示国防部门的间接效应函数,下方的式子表示民用部门参与创新的收益。

表 5-1 跨期选择博弈

国防部门

	0	1
0 民用部门	$v[\pi(I)-s(I)]$ $s(I)=pI-c(e)$	$v[\pi(I)-s(I)]-c(\alpha I)+(1+r)\alpha pI$ $s(I)=pI-c(e)$
1	$v\{\pi[(1-\alpha)I]-s[(1-\alpha)I]\}$ $s(I)=(1-\alpha)pI+\alpha(1+r)pI-c(e)$	$v[\pi(I)-s(I)]+(1+r)\alpha pI$ $s(I)=(1-\alpha)pI+\alpha(1+r)pI-c(\alpha I)+A$

5.3.3 模型分析

1. $K(0,0)$:一体化科技协同创新的第一阶段。此阶段是一体化科技协同创新发展的初级阶段,是国防部门计划需求的阶段,没有市场需求。这一阶段的特征为国防装备体系工程较为简单。例如,在我国国防事业发展的初期,只是简单模仿制造一些已有的枪支、大炮等武器装备,国防部门掌握着制造这些武器装备的技术,通过征召民用部门的劳动力参与生产活动,劳动只是做一些简单的技术改进的创新活动,由此产生的信息量比较少。这一阶段组织信息结构较为简化,属于最简单的等级体系,即二元等级制,制定决策只集中在权威层面。国防部门掌握着信息的主要内容,创新劳动不隐蔽信息,因此不产生协同信息的成本。对国防部门的效用函数一阶求导得出:

$$v'_I(\pi'-s')=0 \tag{5-3}$$

当$v'_I=0$或$\pi'-s'=0$时,国防部门获得的效用最大。$v'_I=0$意味着国防部门的边际效用为零,民用部门在生产活动中没有创新进展,国防部门获得的武器装备没有创新改进;$\pi'-s'=0$意味着国防部门的边际收益与民用部门的边际收益相同,根据国防支出的情况,国防部门支付给民用部门的报酬存在一个适当的比例,如按满足民用部门基本需求的支出结构进行支付。

2.$K(0,1)$:一体化科技协同创新的第二阶段。随着国防装备体系工程复杂程度的增加,在国防部门计划需求阶段,没有市场经济的环境下,创新活动在组织内产生大量的信息,民用部门不保留信息进行跨期选择,国防部门协同信息进行跨期选择。在该阶段,我国国防装备从模仿生产国外的武器装备,到进行大量的创新改进,国防装备如飞机、坦克与火箭等高端武器在引进的过程中,不断创新改进,建立拥有本土化型号特征的武器装备体系。这一阶段属于等级制的多元体系,组织信息结构较为复杂,处于决策一体化模式,决策的制定需要民用部门参与,协同信息的成本也在增加。对国防部门效用函数求一阶导数得出:

$$v_I'(\pi'-s') - \alpha c' + (1+r)\alpha p = 0 \qquad (5-4)$$

可得:

$$v_I' = \frac{\alpha c' - (1+r)\alpha p}{(\pi'-s')} \qquad (5-5)$$

当 $\alpha c' - (1+r)\alpha p = 0$ 时,$c' = (1+r)p$,如果未来单位比特信息的价格是已定的,那么协同信息的边际成本等于未来单位比特信息价值的升值,协同信息使得民用部门披露隐蔽信息有利于国防部门探索前沿科技创新,国防部门需要做好一定量的知识信息储备。在该阶段,一体化科技协同创新体系的组织信息结构较为复杂,在国防部门内可以开展决策一体化的协同信息,制定决策的权力仍集中在权威层面上。

3.$K(1,0)$:一体化科技协同创新的第三阶段。随着国家开始实行有计划的市场经济,国防装备发展仍处于一个较为封闭的状态。民用部门独立自主创新发展的能力不强,主要依靠外国直接投资引进的技术。在这一时期,国家建立了比较完整的国防装备体系,但与发达国家国防装备已进入信息化的初级阶段相比,我国国防装备还处于机械化发展阶段。这一时期一体化科技协同创新主要集中在开发复杂的信息化国防装备,协同信息产生的巨大成本使得组织信息结构与创新活动不相适应,不能有效协同创新中产生的信息。同时,国防部门还主要针对第二阶段积累的国防装备改进性能,因为可选择的创新活动生成的信息有限,不进行协同信息与跨期选择。民用部门在创新改进国防装备中生成的信息进行保留隐蔽,以选择在国防部门与市场机会做出跨期选择,获取更大的收益。在这一阶段,国防部门的技术开始从先前有计划地向民用部门转移,变为通过市场选择机会向民用部门转移。民用部门同时得到了外国直接投资带来的新技术与人力资本,以及从国防部门向民用部门的技术转移。先期国防部门的技术积累和技术转移使得这一时期国家经济得到了快速发展。民用部门的创新能力得到双向支持,民用部门与国防部门的技术差距在逐渐缩小。我国国防部门的创新与发达国家的相比,差距进一步拉大。

4. $K(1,1)$:一体化科技协同创新的第四阶段。国防部门急于建立复杂的信息化现代装备,必须对原有的等级制的决策一体化科技协同创新模式进行改革,组织信息结构必须适应创新活动中生成的更多信息。国防部门与民用部门同时进行跨期选择,根据市场机会,国防部门根据国防装备所要实现的功能要求模块化地选择创新模式,民用部门根据市场机会选择最大收益。市场中的信息中介承担协同信息的成本,该成本由大量的独立的民用部门风险投资者承担。这一阶段一体化科技协同创新的发展模式类似于分散决策的多级体系的硅谷创新模式,民用部门的创新组织呈现小型化。对国防部门进行一阶求导得出:

$$v' = \frac{(1+r)\alpha p}{s' - \pi'} \tag{5-6}$$

当$(1+r)\alpha p$假定为常数时,民用部门与国防部门的边际收益差值越大时,国防部门的边际效用越小;当信息的价格p预期越高时,国防部门的边际效用变动就会呈动态变化。反映在真实世界中,国防支出在国防装备创新研发的投入决定了其能实现的国防装备的技术能力是否能与民用部门相匹配,即是否能实现最新的科学技术应用到国防装备中。

"在信息不对称和不完备的约束下,制度以浓缩的形式提供了有用信息。微妙之处在于,不论制度如何发挥信息传递作用,信息都不可能以明确的方式完全透明和完全可传递,事实上有些经济上有价值的信息并不都是成文的,使得一些制度出现,以更好地利用这类信息。"价格信号是市场交易中参与人最重要的参考,依据价格信号,参与人获得重新配置资源禀赋的预期,促成在满足效用的同时,获得套利的可能。完全自由的市场不能解决信息不对称及市场失灵带来的交易损失,需要信息效率更高的企业组织对冲市场失灵。市场中建立的企业组织,在其边界,市场交易的输入与输出是无差别的。但在企业组织内部,随着信息传递效率的变化,组织的结构也发生着变化,创新组织内的创新劳动依据丰富的信息中介对信息的加工开展各项关联活动,相比组织外部的市场,组织内部的信息传递效率要优于外部信息,创新组织才能在激烈的市场环境中得以生存。信息结构深深嵌入组织的结构中,伴随着组织的形成、演化及变迁,不同的组织类型其信息结构也是不相同的。创新组织内的信息加工是通过协同信息来保障信息融合的效率,协同信息可以保证创新劳动在对创新体系所做贡献能融入创新成果的整体功能中。协同信息是组织预定实现功能最为关键的因素,因而协同创新劳动间的信息是保证一体化科技协同创新能否顺利实现的关键。

构成组织控制基础的关于事物的知识被关于人的知识所取代(青木昌彦),基于人力资本隐性知识的披露是根据剩余所有权分配相机抉择的,传统的雇佣模式难以满足人力资本对剩余所有权占有的欲望,在无相对稳定的财产情况下,雇主与雇员之间相互承认的基础很薄弱,传统的激励机制已与人力资本的发展不相适应,人力资本对信息披露的相机抉择动机决定了该种组织功能的退化性。研发技术的复杂性决定了组织信息结构和生产力发展阶段。"其兴也勃",是组织内部建立了稳定的权威阶层,生产和掌控了大部分的信息来源,创新研发生成的信息量相对较少,权威阶层与普通阶层在信息互动上很少交流,普通阶层只需按照权威阶层的信息指导,按照规定要求完成项目任务,权威阶层与外部的信息交流也是封闭的,此时的生产能力只需按照固定的规划完成即可。如果不存在外部竞争性,且人力资本披露信息是完全的,这种状态是一种较为理想的组织结构,组织行为也是较为行之有效的。然而,创新遵从"'创造性'是新颖性的原则。'创造性'在'析取'的世界各种元素的内容中引入了新颖性。'创造性的进展'是把创造性这个终极原则运用于它所生产的每一个新的情景中。"(怀特海)正是因为这种新颖性的原则,封闭的组织创新必然导致组织信息结构的退化,组织在外部竞争的环境下最终被淘汰。

新颖性原则的存在是一切事物进化的基础,社会经济发展也是如此。经济发展依靠的是企业组织的推动,无论是需求引导了供给,还是供给满足了需求,企业组织在竞争中存在合作,以应对外部的不确定性。"分久必合,合久必分"适应一切组织的发展演变原则,这是由新颖性,即创新导致的组织结构演变的结果。制度的存在是为了协同信息,使得隐性知识能显性化,降低信息的交流成本。

协同信息的作用是对当期的知识或技术进行编码显性化,并对隐性知识进行习俗化,形成创新文化。

总结博弈分析组织信息结构中协同信息对组织绩效的影响,可以得出以下结论:

结论1:如果没有发生信息失真衰减,协同信息的成本为零。

结论2:信息失真衰减普遍存在于各类组织中,特别是在创新组织中,因创新的不确定性增加,信息失真衰减也会增加,协同信息的成本也会相应增加。

结论3：创新组织内自发的协同信息的效率低于信息中介协同信息的效率，表现在成本方面，信息中介协同信息的成本要更低一些。

结论4：如果信息中介协同信息的成本高于收益，而创新组织内自发的协同信息成本优于信息中介的协同信息成本，但可能是低效率的，创新的不确定性就会增加，市场交易因信息不完全会增加交易费用，造成社会福利的减少。

结论5：不同的组织结构类型，信息结构也不相同，无论是信息中介协同信息还是组织内自发的协同信息，协同信息的成本都受组织结构类型的影响。可以确定，等级体系的组织结构协同信息的成本要高于多级体系的协同信息成本。因为多级体系的创新组织存在竞争性，通过竞争可以使不完全的信息转变为较为完全的信息，减少了信息加工的成本。

结论6：输入组织信息的源头越多，等级体系的创新组织协同信息的成本就越高，多级体系的创新组织协同信息的成本就越低。

一体化科技协同创新主要是建立与协同信息成本相适应的组织信息结构来确定创新效率，建立适合我国国情发展的一体化科技协同创新体系。首先，要判断现阶段的经济发展能为一体化科技协同创新提供的外部环境条件。其次，要判明国家面临的安全形势所需要的国防能力。再次，要跟踪世界前沿科学技术，研究协同创新研发核心技术可实现的资源要素配置。最后，要突出国防部门科技创新在国家创新体系的重要性地位，是中心地位，而不是从属地位。

第6章 一体化科技协同创新网络与市场互动

　　一体化科技协同创新需要创造流动的创新劳动市场环境,以使创新劳动在流动中发现创新的机会,并使创新劳动协同互动更为顺畅。创新劳动从受约束的行为人转变为拥有自主行为决策(市场行为与网络行为)的个体,其行为策略选择将会极大地影响一体化科技协同创新体系的运行效能,主要原因是市场与创新网络之间存在互动关系——互补关系和替代关系,会影响创新劳动的行为选择策略。创新劳动根据创新网络结构、在网络中的位置和市场与创新网络互补与替代关系等预期所获收益,制定行为选择策略,最终决定参与创新网络行为或市场行为。本章构建创新劳动行为选择策略、创新网络与市场互动,通过构建博弈模型与模型均衡分析来阐述一体化科技协同创新体系构建的理论基础。首先,探讨了一体化科技协同创新总体框架的构建,分析了创新主体之间的关系,理清了创新网络与市场对创新劳动行为选择策略的影响,进一步阐述实体创新网络与信息化创新网络的发展演变,通过研究发现信息技术的发展改变了创新网络的结构,特别是创新网络的组织结构不受空间距离的影响,极大地促进了创新网络在一体化科技协同创新中的适用性。其次,通过引入一般性的市场与协同创新网络博弈模型,分析市场与协同创新网络互补与替代的关系。最后,根据市场与协同创新网络关系式,给创新网络行为选择与市场行为选择赋值,具体分析我国一体化科技协同创新四个阶段市场与网络的互动关系如何影响创新劳动的行为选择策略。

6.1　一体化科技协同创新总体框架构建

　　一体化科技协同创新总体框架建立在创新价值实现的基础上,总体框架围绕政府对创新价值的需求、创新劳动互动合作形成的创新网络、市场中企业将创新成果转化为武器装备和产品。创新劳动的互动协同和创新价值评价是一体化科技协同创新运行的基础。创新劳动价值具有超常价值的属性,超常价值转化为正常价值会提升武器装备技术性能和产品价值。市场将创新成果转化为产品价值,会极大地促进生产力的发展,解决了创新融资和中介机构专业化发展等问题,推动经济建设与国防建设向更高层次融合发展。

6.1.1 一体化科技协同创新主体之间的互动关系

一体化科技协同创新主体可以分为三大类:第一类是政府部门,既是创新价值的需求者,也是组建各类前沿科技创新价值评价机构的发起者,指导一体化科技协同创新的方向;第二类是创新网络,是创新劳动根据政府设定的创新目标需求自发形成的创新组织,是创新价值的创造者;第三类是市场中的企业,承担技术创新与创新成果转化为武器装备(战斗力)与民用产品(生产力)的功能。

政府、创新网络与市场构成了一体化科技协同创新的实体组织,三者之间的互动关系将直接影响一体化科技协同创新的效率和质量。政府部门负责一体化科技协同创新价值指导、需求和资本投入,为一体化科技协同创新提供公共政策制度和创新资源保障。创新劳动根据一体化科技协同创新的价值需求,组建创新网络,创造创新价值。市场中的企业既承担一定的创新任务,也承担创新成果的转化任务,既可以作为国防工业体系为国防部门提供武器装备,也可以作为民用企业为民用部门生产产品。

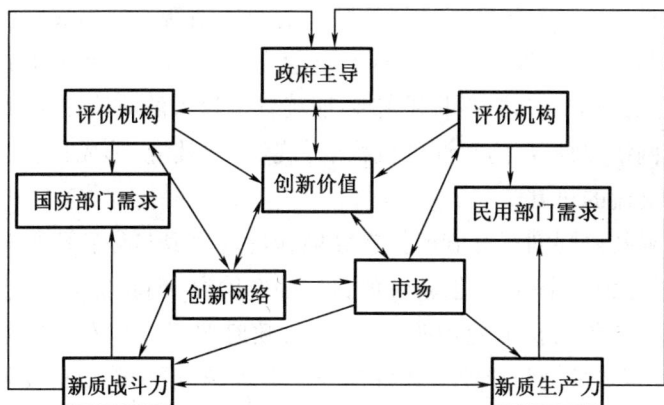

图6-1 一体化科技协同创新主体运行规律

政府、创新网络与市场围绕创新价值开展互动,创新价值分配成为一体化科技协同创新能否有序发展的重要环节。一体化科技协同创新为了实现国防前沿科技创新,跨越式地提高武器装备的技术性能,并提升民用产品质量,扩大产品规模。国防前沿科技创新培育战略新兴产业,能有效地调整产业结构和经济结构。在市场经济不发达的时候,政府部门通过向其他产业征税来支付前沿科技创新所需要的资本。在市场经济发达的时候,政府资本主要来源于市场中企业转化创新成果、扩大市场规模,通过市场运行来创造政府所需的资本,政府通过税收政策就可以满足前沿科技创新的发展需求。

创新劳动在政府部门、创新网络和市场中进行流动,形成了"旋转门"效应。创新劳动拥有自主决策的行为选择机会,在创新能力好的时期,组建创新网络,开展创新活动;在创新能力下降后,应该进入政府和市场,成为评价机构的专家,或在国防部门制订武器装备采购计划,或在市场中成立企业,进行创新成果转化,成为拥有高度专业化知识的高新企业。

市场中的企业要构建国防工业与民用产业为一体的生产体系,根据国防部门的需要生产武器装备,根据民用部门的需要生产产品。市场为政府提供战斗力和生产力,并且提供充足的创新资本。生产力为战斗力提供创新资源保障,战斗力为生产力提供安全保障。市场为创新网络中的创新劳动提供行为选择的机会,促进创新劳动的流动。创新网络为市场提供创新成果,培养创新劳动。中介机构既可以建立独立的评价机构,也可以在市场中承担创新成果转化任务。

6.1.2 一体化科技协同创新价值评价的作用

一体化科技协同创新主体之间的互动要明确创新价值生成与创新成果转化的运行机制,要让创新评价贯穿创新价值生成与创新成果转化的每一个阶段,确保设定的创新目标能够顺利实现;明确资本投入的政策性保障;建立创新劳动在创新网络、政府部门和评价机构的"旋转门"效应,形成具有流动性的创新劳动互动交流的机制。

一体化科技协同创新价值评价贯穿创新价值生成与创新成果转化的各个阶段,总体可分为四个阶段:创新价值目标确定阶段、创新价值生成阶段、创新成果转化阶段和创新价值使用阶段。首先,政府部门组建专业的创新评价机构,如专家评审委员会和专业科技咨询委员会等,对重大前沿科技创新目标进行追踪和分类,提出前沿科技创新发展建议。政府部门根据评价机构提供的建议,拟定一体化科技协同创新目标,向社会公开前沿科技创新项目、资金、设备与资助范围等,吸引创新劳动组建创新网络。其次,在前沿科技创新项目招标上,创新评价机构对同一创新目标竞争的多个创新网络进行选评,并根据各创新网络中创新劳动的创新能力提出组建适合创新目标的创新网络,选定两个或两个以上的创新网络进行资助,让创新网络之间开展背靠背的竞争,促进创新效率的生成。同时,创新评价机构设定创新目标的重大节点评审,对创新目标进度、创新资源保障、创新劳动的创新能力等进行评审,必要时可以开展阶段性里程碑式创新成果展示,吸引创新网络以外的市场中的创新劳动从事同类型创新目标的成果展示,适时促进创新劳动的流动和互动。再次,创新评价机构要对创新成果转化阶段进行评价,以确定创新成果与国防工业、民用产业的匹配程度,以此确定创新成果转化为正常价值时对战斗力与生产力的影响,评估下一阶段前沿科技创新需要的创新劳动、资本和资源。最后,创新评价机构分别对国防部门需求的战斗力与民用部门需求的生产力进行评估,对比国际军事科技和民用产品的优势与劣势,确定新一周期前沿科技创新的目标。

6.1.3 一体化科技协同创新的运行规律

一体化科技协同创新体系运行有三种规律:一体化科技协同创新是周期运行规律、一体化科技协同创新是创新价值生成与创新成果转化运行规律和一体化科技协同创新价值是创新劳动充分协同互动合作运行规律。前沿科技创新具有周期性,创新价值生成与创新成果转化具有复杂性,创新劳动应具有充分的流动性。三种运行规律共同构成了一体化科技协同创新运行的动态运行特征,三种运行规律需要协同运行。

从宏观角度来讲,政府、创新网络与市场的协同互动构成了一体化科技协同创新的运行规律。政府部门是前沿科技创新的发起者和支持者,明确每一周期的前沿科技创新目标。政府部门只需做好创新评价与需求两个环节,制定并发布前沿科技创新需求目录,开放国家重点实验室,通过国家专项基金支持创新劳动组建创新网络,实现创新目标。政府部门是一体化科技协同创新的主要投资者,担负具有重大专业知识生产资料的建设任务,设立各种专业基金对创新目标进行投资。政府部门通过武器装备采购来引导创新价值生成与创新成果转化。一体化科技协同创新的价值具有超常价值特征,创新价值释放为正常价值能提升生产效率。

从微观层面来讲,创新价值生成是创新劳动互动合作的结果。创新是创新劳动互动合作、协同创造发明新知识和新产品。有专业知识背景的创新劳动与稳定性创新网络存在知识衰退的困境,触发创新劳动需要成为拥有自主行为决策的个体,才能激发协同创新的活力。现阶段,国防科研机构涉及从公益性事业组织改革为经营性企业组织的重大议题,会使创新劳动面临市场行为还是创新网络行为的选择策略机会。一方面国防部门和民用部门设定创新目标,向市场公布创新项目,通过市场运行与创新劳动签订契约,并提供必要的资金支持。创新劳动自愿组合构建创新网络,与网络内的创新劳动互动合作,共同完成创新目标。另一方面,创新劳动面临创新网络与市场行为选择策略,根据创新网络与市场的替代性与互补性评估创新活动获得收益,决定行为选择策略。创新劳动行为选择策略影响创新目标的选择与实现。政府通过需求引导,建立市场配置创新资源的运行体系,创新劳动根据市场与创新网络的收益情况,自愿组建创新网络,协同创新符合政府预期的创新目标。当创新网络在完成一个周期的创新目标后,政府部门引导市场集聚产业规模,为创新成果转化提供充足的资本,构建新产品和武器装备生产要素配置市场,加快科技创新成果的转化速度。当创新网络完成一个周期的创新任务后,在没有承接其他创新目标时,政府和市场要为创新劳动提供流动的机会,实现创新劳动身份的转换,从科技创新劳动转变为创新管理者,或成为创新评价机构的专家,或成为政府部门制定一体化科技协同创新目标规划的管理者。

从中观层面来讲,创新成果转化是市场运行的结果,既创造了战斗力和生产力,也为政府提供了财政来源。一体化科技协同创新生成的创新成果具有更大的潜在价值,决定了创新的成果转化的复杂性和超常性。创新成果需要按照一定的技术组合与劳动进行结合,才能转化为企业的生产过程。政府部门在设定创新目标时,需要评估一体化科技协同创新成果的转化环节,实施科技创新成熟度计划,确保科技创新成果能够顺利转化。市场是配置创新资源的主体,承担着调整国防工业与民用产业的生产结构。国防工业与民用产业分离的生产体系是造成市场重复建设和资源配置效率不高的主要因素。政府部门要加快建立国防部门与民用产业统一的生产体系,才能有效地进行一体化科技协同创新科技成果转化利用,而不是科技创新成果先在国防工业体系进行转化,然后再扩散到民用产业。中介机构可以围绕一体化科技协同创新的成果转化,进行知识和技术的信息分类,搭建创新成果转化与生产体系相衔接的桥梁,减少市场信息甄别带来的机会成本损失。

6.2　创新劳动行为选择策略

创新劳动行为选择策略受社会网络结构与市场运行共同作用的影响,做出利他或利己的行为选择策略。创新劳动成为拥有自主行为选择策略的个体,拥有了行为选择的决策能力。创新劳动行为选择策略会根据不同的行为选择机会和选择场景来选择符合自身利益的行为,其自身行为选择本身就存在替代或互补关系,这种替代或互补关系既可以说是行为的替代或互补,也可以说是场景的替代或互补。

6.2.1 创新劳动行为选择的特征

创新劳动行为选择具有知识性、自主性和利益性三种特征。创新劳动需要具有某种专业领域的知识,如按照学科划分熟练掌握工程领域的知识,或掌握信息技术的某种知识等。这种知识必须是创新劳动付出艰苦努力通过学习得来的。知识与创新劳动的不可分离性形成了独特的知识产权结构,即创新劳动创造的知识产品在产权划分上应该更多地倾向于创新劳动,才能更好地对创新劳动产生激励效应。一般性的生产经营活动,产权的所有权与经营权的分离,使得产权能够随着资本的流动进行交换,扩大了交换活动的范围。非知识性产权可以按照股权比例进行分割,如在股票市场上,股票的购买人员会拥有某一企业的一定比例的产权,但并不一定在企业中从事经营性活动。创新劳动成为知识性生产资料的载体,成为唯一的运用已有知识创造新知识的创造者,使得知识与创新劳动具有不可分割性,创新劳动应该是知识产权的所有者。知识成为某种生产资料,可以通过授权转让等形式进行交易。知识交易是知识转化为生产的一个环节,并不会创造新的知识。创新劳动与知识的特殊关系使其成为具有自主行为选择策略的个体,即拥有自主性。在社会生产过程中,劳动与生产资料的分离性,使得劳动力成为一种特殊的产品,劳动受资本的支配,受到生产过程的约束,即劳动要想生存,必须用劳动力进行交易获得必要的生活资料。生产资料所有制的形式决定了生产关系,即劳动的自主性。在一般的社会生产活动中,劳动受生产技术的约束,形成了劳动与技术功能的结合,服务于生产活动,极大地限制了劳动的自主性。在私有制生产活动中,劳动并不具备自主性,而是按照某种设定好的生产分工,通过市场行为选择与企业行为进行互动选择,这种选择受某种技术约束。创新劳动成为知识的所有者,较少受外界环境约束,创新劳动就拥有了真正的自主性,可以根据自愿的方式与其他创新劳动结成网络,进行协同创新。自主性是指创新劳动的行为选择不受外界约束的自愿行为,如不受场景、资本、技术等约束,可以自主创新,也可以建立创新网络合作创新。创新劳动在自愿的基础上承担具体的科技创新任务开展创新活动。如果创新场景并不能满足创新劳动的需要,创新劳动拥有选择的权利,可以选择好的创新场景进行创新活动;如没有好的创新场景,创新劳动可以不选择创新活动,创新劳动就成为重复劳动,通过从事生产性活动获取必要的生活资料。创新劳动根据自身利益需求,选择适合自己创新的创新场景,如选择创新网络行为还是市场行为,是按照创新劳动预期收益大小决定的。如果在创新网络内,创新劳动的互动收益更多,那么创新劳动就会放弃市场行为。这时的创新网络与市场有较强的替代性。在创新网络内,创新劳动的位置影响创新劳动的收益。通常来说,创新劳动的"邻居"越多,互动合作越紧密,那么创新劳动的收益也就越高。

创新劳动的行为选择策略是指创新劳动拥有两种或两种以上的行为选择机会,通过对比行为选择的跨期收益,最终选择最大化收益的行为。策略是一种行为动机,并未进入实质性的行为活动。行为选择策略本身存在替代或互补关系,这种替代或互补关系是由行为选择的场景决定的,并对创新劳动的收益产生影响。在现实生活中,创新劳动存在的状态,要么在创新网络内与其他创新劳动互动合作,开展创新活动;要么在市场中,独立自主地进行创新活动。在创新网络内,创新劳动与其他创新劳动拥有直接联结关系的,称之为创新劳动的"邻居",即创新劳动自身是创新网络内的一个结点,可以与其他创新劳动的结点相联结。创新劳动的收益与"邻居"的互动合作有最直接的关系,如果创新劳动与他的"邻居"采取协同一致的行动,那么可以说创新劳动能获得最大收益。一体化科技协同创新构建的组织需要充分考虑创新劳动的特征,根据创新劳动的特征和行为选择策略设定激励机制。

6.2.2 创新网络对创新劳动行为的影响

创新网络是创新劳动活动的场景,是创新劳动之间根据知识性特征构建的自身与其他创新劳动联结的关系网络,创新劳动与网络内成员直接或间接的互动合作开展创新活动,可以称之为"协同创新"。创新网络的静态性与动态性会影响创新劳动的行为选择策略。在静态性的创新网络中,创新劳动的行为受其他创新劳动的影响,会出现知识同化、互动合作频次降低、协同创新收益减少等现象。知识同化是指创新劳动的知识差异会随着互动合作而趋同。如果是静态性创新网络,经过一个创新周期,创新劳动之间的知识差异会逐渐消除,甚至可以忽略不计,因此创新劳动的互动合作就不会产生太大的协同创新成果,甚至不能进行创新。例如,我国国防科研机构属于事业单位,创新劳动拥有事业编制,意味着确立了终身制的创新合约关系,会造成科研机构处于"超静态性",创新劳动之间的知识同化会造成某类科研机构创新能力的退化,或是承担重大科技创新任务的时间成本会成倍增加。知识同化会造成创新劳动之间互动合作频次降低,直接降低了协同创新的效率。创新劳动互动合作的基础是知识差异所产生的耦合性概率,如在武器装备系统中,子模块的创新研发设计需要与集成系统协调配合,既要满足子模块所担负的技术性能,也要满足子模块与主系统的接口对接,同时要满足子模块与其他模块的互动协作,子模块之间不能发生技术功能相抵的问题。知识同化、互动合作频次降低影响了创新网络协同创新的效率,也会影响创新劳动的收益。创新劳动的收益是由其创造的价值决定的,协同创新的时间成本越短,技术性能越高,创造的价值也就越大。如果在同等技术性能的创新价值中,时间成本增大会降低技术性能。因为技术性能具有时效性特征,在某一段时间内,某项技术会被其他技术所取代。

在动态性创新网络中,创新劳动的行为同样会受到其他创新劳动的影响,如加强差异化知识的学习、改变其在网络中的位置、增加互动合作的频次等。动态性的创新网络存在甄别创新劳动创新能力的机制,不符合协同创新要求的创新劳动会被自然地边缘化。创新劳动需要不断学习积累差异化知识,塑造创新能力强的形象。创新网络会将创新能力强的创新劳动置于核心位置,创新劳动的"邻居"会增多,互动合作的频次也会增加。

6.2.3　市场对创新劳动行为选择策略的影响

市场对创新劳动的影响为创新劳动提供了行为选择的机会,使得创新劳动在拥有知识性生产资料的情况下,能有更多与其他创新劳动互动合作的机会,并提高自己的收益。市场对创新劳动行为选择策略的影响表现在,市场能使创新劳动改变创新网络的约束,转为拥有自主行为选择策略的个体。市场中的劳动拥有相对自主权,即劳动既可以自主选择 A 企业也可选择 B 企业就业。创新劳动是知识性生产资料的所有者,创新网络需要承认其选择的自主性,否则会约束他的创新能力。市场能增加创新劳动学习知识的机会。创新劳动希望在创新网络中占据更好的位置,与更多的创新劳动进行互动合作,增加学习知识的机会。创新网络设定进入与退出机制,可以选择市场中的创新劳动,而不必承担终身合约的关系。市场能够激励创新劳动努力学习新知识,在市场与创新网络之间拥有更多的选择权。市场能增加创新劳动的预期收益。创新劳动行为选择的策略是评估自身创新能力与收益的选择策略。如果创新劳动在市场中独立创新能获得更大收益,那么他就会选择留在市场中;如果创新劳动在市场中获得的收益小于创新网络,他就会选择创新网络来增加他的收益;如果创新网络中的创新劳动拥有市场行为选择的机会,创新网络就会实施激励性政策,如定期增资、股权激励、职位晋升等方式,鼓励创新劳动留在创新网络内从事创新活动。这与企业雇佣劳动有相似性。企业是生产性组织,生产的产品需要在市场中进行交换获得相应收益。企业为了保持生产的稳定性,需要制定激励性政策,如根据工作效率进行奖励等,激励雇员努力工作,以增加产品的种类。在激励机制的设定中,创新网络与市场有所不同。市场是竞争性激励,促使创新网络与创新劳动向有利于创新活动的方面进行。创新网络的激励会受市场的影响。如果没有市场的存在,创新网络的激励措施就会比较单一;如果存在市场,创新网络就会实施更为细化的激励机制;如果创新网络中的知识产权归属与创新劳动在市场上独立创新的知识产权归属保持一致,就能激励创新劳动在创新网络中开展创新活动,而不是选择在市场中开展创新活动。

一体化科技协同创新就是要将静态的创新网络变为动态的创新网络,让创新劳动拥有市场选择的机会,通过市场与创新网络的互动,产生正向的影响创新劳动进入与退出的激励机制,增加协同创新的效率和质量。

6.3 一体化科技协同创新网络的结构

一体化科技协同创新网络的结构分为实体创新网络与信息化创新网络。随着信息技术和仿真技术的发展,创新活动不再受互动空间和协调信息的约束。创新劳动利用信息技术进行数据储存和交换,甚至视频交流等实现互动,极大地节约了协同创新的时间成本和物质成本。实体创新网络与信息化创新网络是互补关系,不是替代关系。无论信息技术如何发展,根据学科划分的局部实体创新网络也会存在。局部学科创新模块通过信息技术与其他学科创新模块进行协同创新,会极大地增强一体化科技协同创新的能力和效率。

6.3.1 实体创新网络

实体创新网络是指创新劳动在某一空间范围内进行协同创新活动所构建的创新网络,创新网络会约束创新劳动的空间范围,使其固定在某一区域的科研机构或实验中心等。创新网络使创新劳动围绕特定的创新价值链进行协同创新开展一系列创新活动。社会网络拓扑图可以通过描绘节点与联结节点的边(即信息通道)描绘联结关系。节点是由个体或组织组成的;边是描述节点之间关系的,是一种建立在信息传输通道之间的关系,连接节点的边可以反映节点之间的关系强弱。这种由信息通道建立起的关系网络综合权衡利益,可以是单向的、双向的或是混合型的网络关系。图6-2展示的是实体创新网络节点间强弱联结关系,用实线表示节点与节点之间的强联结关系,用虚线表示节点与节点的弱联结关系。然而,来自创新网络内部或外部的信息加工能力影响创新网络的创新能力,强关联的网络关系可能会限制外部信息的进入,而弱关联则可能提供更多的非冗余信息,有利于创新思想的产生。创新网络存在的基本形式是具有核心位置的创新劳动与其他创新劳动的联结关系,强弱联结关系是根据不同区域创新劳动之间实现的创新目标来决定的,利用创新网络各单元联结的强弱关系对创新网络进行分类。

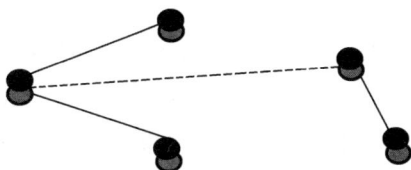

图6-2 实体创新网络节点间强弱联结关系示意

资料来源:詹·法格博格、戴维·莫利、理查德·纳尔逊主编《牛津创新手册》,柳卸林、郑刚、蔺雷、李纪珍译,知识产权出版社,2009。

创新网络的分类是根据联结关系的强弱程度加以区分的,非正式和高度流动性意味着较弱的联结,封闭性关系和契约型关系意味着具有较强的联结,具有较强联结性的创新网络可以形成具体化的契约类型网络,形成的网络类型可以是交易型的或关系型的。图6-2本身并不反映创新网络加工信息的能力,因而,也就无法确立创新网络的创新能力。

构建实体创新网络受网络外围创新劳动的互动关系影响。实体创新网络的核心是指创新劳动在创新网络中的位置,那些拥有较强创新能力和较多"邻居"的创新劳动拥有更多的创新信息和资源配置权力,在创新网络中是具有核心结点位置的创新劳动。核心创新劳动会获得更多的信息知识、更大比例的共享资源和更多新知识学习机会等多方带来的收益。创新劳动在创新网络内进行知识共享和交换,共同创造前沿科技的新质使用价值。在实体协同创新网络内,核心创新劳动有更多的"邻居",形成较大的联结结点。在创新网络外围,创新劳动是创新价值链学科模块化的一部分,有可能多个同质创新劳动与核心劳动联结,形成创新网络内部的局部协同创新区,外围的创新劳动存在一定的竞争关系,可以是"背靠背"式创新,成为创新劳动末端的一个环节。

6.3.2 信息化创新网络

信息化创新网络是指创新劳动不受空间区域的约束,可以利用信息技术与其他创新劳动进行互动合作。在一体化科技协同创新中,创新单元不可能像过去的企业有统一固定的工作场所,如复杂创新项目的创新单元有可能在空间上距离比较远,而利用原有的通信技术进行信息交换不仅显著降低协同创新效率,还会给产品开发过程带来许多风险。因此,需要设计一个可以使多个子系统协同工作的环境,这个环境不受空间距离的限制,我们称其为"信息化创新网络"。信息化创新网络是与实体创新网络相比较而言的,是指创新项目的实施是由多个创新网络组成,通过现代通信技术,形成一个信息化的虚拟组织。信息化创新网络与传统的实体创新网络有所不同。传统的实体创新网络通常会以企业核心创新单元为主,该创新单元拥有较大的资源配置权,通过行政命令性指导其他创新单元开展创新活动。信息化创新网络通过协同信息和工作流程来达到开展创新活动的目的。然而,不同创新任务形成的创新单元拥有各自的开发工具,拥有相对优势的创新单元难以设定算法、模拟环境、开发工具和其他创新研发基础因素。这对多学科优化研究的实施提出挑战。创新单元拥有的不同开发工具需要以某种方式进行联结,使用趋于协同化的方式开展创新研发工作。构建信息化创新网络需要各创新单元分享创新生成的信息。信息分享不能自发实现,需要引入激励机制才能保证信息分享的动力。

在一体化科技协同创新环境中,依据工程数据管理技术实现多学科设计优化和鲁棒性设计的多层面自动化分布设计过程,是协同创新发展的主要方向。构建信息化协同创新网络的目的是开发和展示嵌入在集成背景中的分布协同设计研究和相互联结的创新单元的创新过程,优化创新过程和鲁棒性设计。一体化科技协同创新基于现有的特定需要的专业化设计,信息化创新网络通过联结特定的设计框架创造整体设计框架,可以有效地优化创新过程和鲁棒性设计任务。一体化科技协同创新包含多个创新单元,创新单元受设计需求影响相互驱动,但协同创新目标更多地被碎片化分割,信息协同的标准协议利用普通方法会引入更多的不确定性和风险。信息化协同创新网络通过数据管理和建立信息分享机制可以有效减少设计迭代过程、信息交流的次数和成本。如果工程数据管理不当,会引发信息化创新网络结构管理的问题,将消耗大量的时间和资源来协同数据变化。复杂国防装备创新体系产生的大量工程数据需要进行分类管理。在信息化创新网络中,一个创新单元与多个创新单元数据交流会伴随着创新数据的变化而发生信息状态转移,创新单元结合前期汇总的各项数据形成知识背景,当发生信息状态转移时,需要对前期的各类接口协议进行改进,以适应逐步建立的新的接口标准。当创新单元创新数据的变化引发标准协议的变化时,信息化虚拟组织能够快速、准确地传递到与之相关的创新单元,创新单元依据授权的数据调整创新目标的状态。信息化创新网络的特征与虚拟组织协同中心的特征相一致,即具有一般性数据分享、中立性和面向服务的结构。图6-3显示了虚拟组织协同中心的结构。

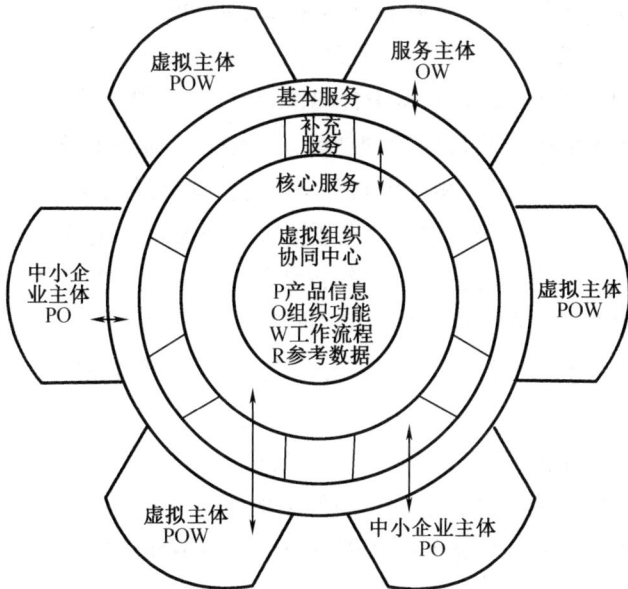

图 6-3 虚拟组织协同中心

资料来源：Ernst Kesseler and Marin D. Guenov, *Advances in Collaborative Civil Aeronautical Multidisciplinanry Design Optimization* (New York：American Institute of Aeronautics and Astronautics, 2009).

一般性数据分享。协同创新的项目寻求采用产品信息、工作流程、创新主体等汇集信息的信息化虚拟组织。在信息化创新网络组织中,定义了创新单元的创新任务及怎样创新。虚拟组织数据平台将为数据信息管理提供服务,包括产品信息、组织结构、工作流程和参照数据。针对特定协同创新项目的所有项目信息通过虚拟组织进行分享,各创新单元的数据访问会有中立的虚拟组织进行控制,确保信息数据安全和知识产权清晰。

中立性。在协同环境中,中立的数据结构、形式能够通过信息所有权确保信息交流与数据利用的效率。民用部门创新单元加入国防装备创新体系,可以拥有独立的内部设施、操作系统或其他安全协议,能独立管理自己的信息、组织、产品开发过程,信息化虚拟组织数据平台允许各创新单元保留自己的基础设施。在虚拟组织数据平台中,创新单元能够利用中立性协同创新生成的数据建立标准数据结构。中立性保障了协同性和持久性,而持久的信息化创新网络对于复杂国防装备创新是至关重要的。

面向服务的结构。信息化虚拟组织数据平台提供了协同创新项目的数据结构变化过程,为创新单元访问和改变数据协议提供了服务平台。面向服务的结构提供了核心服务、补充服务和基本服务,其价值是为组织大型协同创新网络提供了数据升级的模式,而协同创新网络本身就是为实现创新单元的内在互动价值构建的。在虚拟组织数据平台中,创新数据和创新过程通过虚拟组织数据平台核心服务能提供给访问的创新单元。创新单元能在虚拟组织数据平台上分享内部产品数据、组织和工作流程,其他创新单元能访问这些信息,并与之互动。虚拟组织数据平台提供的信息数据服务分为基本服务、补充服务和核心服务。基本服务是建立创新项目的知识背景,提供访问管理和安全管理,确保访问数据的安全性。补充服务提供了访问核心服务之外的服务方法,主要应用于合作伙伴之间能够互访问、互操作相应的运行流程和数据。核心服务是针对知识产权的专有性建立的服务,提供了标准化的数据访问。虚拟组织数据平台数据信息服务功能依赖于信息技术的发展,极大地扩展了创新活动的边界。创新劳动的行为选择策略总是受到创新网络的影响。一体化科技协同创新网络要尽可能地构建学科模块化的实体创新网络和动态性的信息化创新网络,建立创新劳动进入和退出的激励机制,增加创新劳动互动合作的频次,才能提升一体化科技协同创新的效率和质量。

6.4 一体化科技协同创新博弈模型构建

一体化科技协同创新博弈模型建立在流动性创新劳动市场假设的基础之上,创新劳动在流动中寻找适合协同创新的机会,建立与其他创新劳动协同互动的创新网络。创新劳动充分流动有利于打破封闭的部门创新环境,建立起国防部门与民用部门依托市场配置创新资源,创新劳动自愿自主建立协同创新网络,满足政府和社会需要的前沿科技创新。博弈模型在朱利安·加农和桑吉夫·戈伊尔构建的网络与市场互动模型的基础上,与吴艳辉的激励契约的创新能力分布模型结合,构建创新网络与市场互动的博弈模型,探讨创新网络与市场互动对创新劳动的行为选择策略的影响,并对博弈均衡进行分析。

6.4.1 创新网络与市场互动的博弈模型

在创新场景方面,创新网络与市场创新存在互补性或替代性关系,会影响创新劳动的行为选择策略。创新劳动根据在创新网络的位置、收益和政府设定的激励结构来决定行为选择策略,即选择创新网络行为还是市场行为。根据构建博弈模型的需要,先要给出一体化科技协同创新博弈模型的背景条件。

条件1：创新网络在完成特定创新目标后，创新劳动回归市场行为。否则，创新网络会呈现退化的特征。

创新网络属于开放式创新，是创新劳动自愿自主构建的互动协同合作的创新组织。如果按照已有的国防科研机构管理模式，创新劳动不能自主决定行为选择，就会逐渐形成封闭式创新组织，创新劳动会趋于同质化，导致组织创新能力的退化。同时，即使是创新劳动不从事创新活动，科研机构仍需要提供给创新劳动较高的报酬。

条件2：创新劳动从事创新活动，重复劳动从事生产活动，且重复劳动转变为创新劳动较为困难。

创新劳动可以选择与其他创新劳动组成创新网络开展创新活动，也可以在市场中独立开展创新活动。重复劳动只能选择在市场中从事生产活动。在一体化科技协同创新中，创新目标主要是前沿科技创新。创新劳动的分工演化使得创新劳动需要付出大量的时间和成本学习专业知识，创新劳动的分工协作是社会选择的结果。如果劳动在事前没有选择从事创新活动，那么只能成为从事生产活动的重复劳动。

条件3：创新劳动行为选择策略是创新网络行为和市场行为的选择策略。

行为选择策略是一种选择预期策略。创新劳动会根据市场的替代性或互补性做出选择创新网络或市场的行为。

条件4：创新价值是创新劳动独自创造或在创新网络中协同互动合作创造的结果，除此无他。

创新属于复杂的劳动，需要劳动具有专业的知识性生产资料，并在相对自主的环境中开展创新活动。创新劳动与重复劳动的本质区别是创造的价值是否属于新质使用价值。创新价值只能由创新劳动独立或协同合作创造。

条件5：创新劳动的创新努力会根据在创新网络的位置、创新收益和其他创新劳动的努力程度决定。

一体化科技协同创新的关键是激励创新劳动付出全部努力与其他创新劳动进行协同互动，如果激励结构不能使创新劳动满意，那么创新劳动会保留创新努力。创新劳动无异议的一致行动可称之为"协同效果最好的创新活动"。

条件6：一体化科技协同创新网络是政府制定激励结构诱导创新劳动自愿组建的创新组织。

社会网络是多劳动主体根据一致利益自愿组建的组织活动形式，具有开放性、自组织形态和协同性的特征。社会网络嵌入社会生产活动中，是介于正式组织与非组织之间的组织形式。创新网络利用网络的开放性、自组织形态和协同性等特征,服务于国家科技工业体系与生产体系。

条件7:创新网络中的创新劳动收益来自政府财政支出、知识产权与专利授权的激励分配收益,市场中的创新劳动收益来自创新努力建立的企业生产性收益。

政府通过构建激励结构,鼓励创新劳动组建创新网络,围绕政府设定的创新目标开展创新活动。政府制定知识产权与专利授权的相关政策法规,确保创新劳动能从创新努力中得到超常价值的一部分;政府通过向生产企业征税,实现财政向创新网络的转移支付。在市场中,创新劳动的最优行为选择是通过创新努力获得生产性收益,否则就难以激发出创新劳动全部的创新能力。

条件8:一体化科技协同创新网络分为开放性创新网络和封闭性创新网络。

当国防部门制订和发布创新项目计划后,创新劳动根据自身专业知识评估可能需要的其他专业知识,在市场中寻找适合创新项目的创新劳动,自愿组成创新网络申请创新项目。当创新项目完成后,如果创新劳动不用在市场寻找新的创新项目,那么可以认定创新网络属于封闭型创新网络,创新劳动只通过与网络内固定的创新劳动进行互动,在缺少外部知识、信息输入时,该网络极大可能出现退化态势。

1. 开放型与封闭型创新网络。开放型创新网络是指创新劳动根据创新项目的界面要求与其他创新劳动具有连接关系,同时为了获取必要的创新知识,也与创新网络外的创新劳动保持连接关系。在创新网络中,每个创新劳动与网络内其他创新劳动的一部分有连接关系,创新劳动之间的连接关系是由子系统界面的技术标准决定的,技术越复杂,创新劳动的连接数就越多。同时,创新项目初期选择的创新劳动根据数据建模的优化,创新劳动界面可能会出现合并等,入选的创新劳动因为专业知识的重叠,出现过剩的现象。创新网络就会按照 q 值淘汰专业知识重叠的创新劳动。创新网络的 q 值是指创新网络根据创新子系统之间技术界面要求,设定最小创新劳动的连接数。在创新网络中,创新劳动连接数小于 q 连接数就会被排除在创新网络内。开放型创新网络最大的特征是在给定的 q 值范围内,创新劳动与其他创新劳动的连接数不少于 q。如图 6-4 中的 A、C 所示。

封闭型创新网络是指创新项目被完成后,创新劳动继续保留在创新网络中,如我国的事业型科研机构。在创新网络内,创新劳动之间的连接数保持在 q 值,即每个创新劳动的连接数都是相同的,创新劳动只与连接的创新劳动进行交流。在一定时间内,创新劳动的知识趋于同化,创新劳动之间的知识不再具备耦合性,创新网络创造知识的能力逐渐弱化,甚至可以忽略不计,如图 6-4 中 B、D 所示。

2.构建一体化科技协同创新网络。社会中有 $N = \{1, 2, \cdots, n\}$ 位创新劳动，且 $n \geq 3$。在一体化科技协同创新网络中，存在 i 和 j 的创新劳动的连接 $g_{ij} = 1$，该连接依赖于创新劳动之间的知识耦合性。如果 $g_{ij} = 0$，表示创新劳动 i 和 j 之间不存在知识耦合性。同时，$g_{ii} = 0$ 表示创新劳动 i 自身没有知识耦合性。在创新网络中，创新劳动 i 的"邻居"，即与其有连接关系的其他创新劳动，被定义为 $N_i(g) = \{j \in N : g_{ij} = 1\}$，定义 $k_i = |N_i(g)|$ 为 i 的度，即 i 拥有的连接数或"邻居"。创新劳动根据创新网络和市场的替代性与互补性制定创新网络行为和市场行为的选择策略。设定创新劳动 i 的行为选择策略 $a_i = (x_i, y_i)$，其中 $x_i \in (0, 1)$ 代表创新劳动选择网络行为，$y_i \in (0, 1)$ 代表创新劳动选择市场行为。在社会中，所有创新劳动同时做出行为选择策略，$\alpha = (a_1, a_2, \cdots, a_n)$ 代表全体创新劳动收益。在创新网络中，创新劳动 i 的收益受其"邻居"的行为选择影响 $\alpha = (a_i, a_{-i})$。在给定 α 行为收益时，创新劳动 i 的"邻居"选择创新网络行为 $x = 1$ 所带来的收益，在 α 由下式给定的情况下，$\chi_i(\alpha)$ 代表创新网络协同活动水平。

$$\chi_i(\alpha) = \sum_{j \in N_i(g)} x_j \tag{6-1}$$

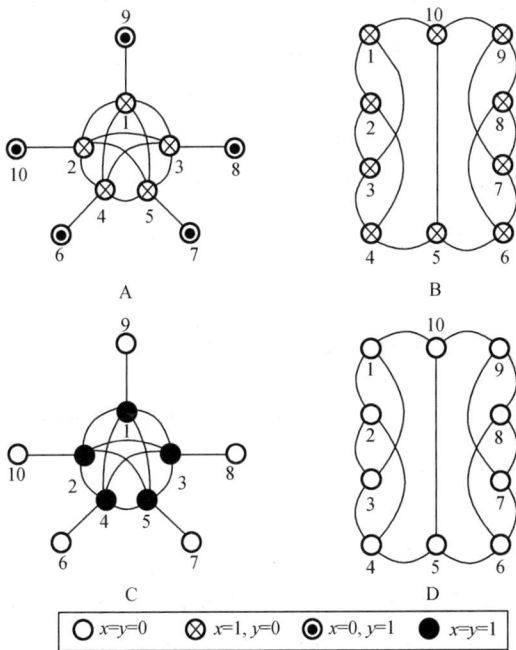

图 6-4 一体化科技协同创新核心-边缘网络

资料来源：Julien Gagnon and Sanjeev Goyal," Networks, Markets, and Inequality," *The American Economic Review*, 1(2017).

在网络 g 中行为 α 收益条件下,创新劳动 i 的收益可以设定为 $\Phi_i(\alpha/g)$。当创新劳动不从事创新活动时,$a_i=(0,0)$,创新收益为0;当创新劳动选择市场行为时,$a_i=(0,1)$,创新收益为 $\pi_y \in \mathbf{R}$;当创新劳动选择创新网络时,创新收益为:

$$\Phi_i(\alpha/g) = \begin{cases} 0, a_i=(0,0) \\ \pi_y, a_i=(0,1) \\ \Phi_0[\chi_i(\alpha)], a_i=(1,0) \\ \Phi_1[\chi_i(\alpha)], a_i=(1,1) \end{cases} \tag{6-2}$$

在明确了创新劳动在创新网络中的收益后,创新网络和市场行为的关系可以用以下公式来描述:

$$\xi[\chi_i(\alpha)] = \Phi_1[\chi_i(\alpha)] - \Phi_0[\chi_i(\alpha)] - \pi_y \tag{6-3}$$

市场行为影响创新网络行为的边际收益。$\xi(\cdot)$ 是当 $y_i=1$ 与 $y_i=0$ 时,创新劳动在创新网络行为的边际收益 $\Phi_1(\cdot)-\pi_y$ 与 $\Phi_0(\cdot)-0$ 之间的差。当 $\xi(\cdot)$ 为负数时,创新网络行为和市场行为存在替代关系;当 $\xi(\cdot)$ 为正数时,创新网络行为和市场行为存在互补关系。创新网络行为和市场行为的替代关系是指创新劳动的创新网络行为和市场行为存在替代关系,并且创新劳动的"邻居"的网络行为和其自身市场行为存在策略替代关系。创新网络行为和市场行为的互补关系是指创新劳动的创新网络行为和市场行为存在互补关系,并且创新劳动的"邻居"的网络行为和其自身的市场行为存在互补关系。策略替代关系和互补关系是创新劳动拥有市场行为选择机会时,可以获得的期望收益。

6.4.2 构建一体化科技协同创新博弈模型

根据第五章的内容来看,我国一体化科技协同创新的发展可划分为四个阶段:改革开放前为第一阶段,国防部门是科技创新的唯一推动力量,创新劳动集中在国防部门开展创新活动,国防部门的创新劳动处于封闭状态,国防部门与民用部门创新活动既不存在替代性也不存在互补性;改革开放后至20世纪90年代初期为第二阶段,政企分离,国防部门初步建立了以企业为主的市场经济运行体制,国防部门的创新劳动进入市场,创新劳动形成了单向流动,国防部门与民用部门的创新活动属于完全替代模式;20世纪90年代中期至今为第三阶段,国防部门与民用部门的创新劳动形成双向流动,民用部门在科技创新的某些领域的发展能够补充国防部门的科技创新发展的不足,国防部门与民用部门的创新劳动以替代性为主、互补性为辅;未来的一体化科技协同创新为第四阶段,形成创新网络与市场完全互补的一体化科技协同创新发展模式。

（1）一体化科技协同创新的第一阶段博弈模型：

$$\Phi_0[\chi_i(\alpha)] = W \qquad (6-4)$$

创新劳动选择在国防部门的创新网络中参加创新活动,其收益是事业单位设定的行政工资标准 W,即使在国防部门内部,创新劳动的流动性也比较固定,创新网络类似于垂直结构的行政管理组织结构。

（2）一体化科技协同创新的第二阶段博弈模型：

$$\Phi_0[\chi_i(\alpha)] = w$$

$$\Phi_1[\chi_i(\alpha)] = w$$

$$\pi_y = \alpha n^{-\beta} - \frac{\alpha^2}{2\varepsilon} \qquad (6-5)$$

$$\xi[\chi_i(\alpha)] = \Phi_1[\chi_i(\alpha)] - \Phi_0[\chi_i(\alpha)] - \pi_y = -\pi_y \qquad (6-6)$$

其中,式(6-5)是柯布-道格拉斯生产函数（Cobb-Douglas 函数）,α 是全要素生产率,n 是生产人员的数量,$\frac{\alpha^2}{2\varepsilon}$是作为创新活动努力付出的成本,$\varepsilon > 0$。从式(6-6)可以得出,当 $\pi_y > 0$ 时,存在 $n > (\frac{\alpha}{2\varepsilon})^{-\frac{1}{\beta}}$,$\alpha$ 的数值的变化会影响重复劳动的数量,创新网络与市场存在替代关系。同理,当 $\pi_y < 0$ 时,创新网络与市场存在互补关系。通常来说,在改革开放初期,非竞争性市场收益大于零,当存在市场选择机会时,如果在国防部门的创新网络中工资是固定的,那么就存在创新网络与市场完全替代性,国防部门的创新劳动就会选择进入市场。

3. 一体化科技协同创新的第三阶段博弈模型：

$$\Phi_0[\chi_i(\alpha)] = w$$

$$\Phi_1[\chi_i(\alpha)] = w + b(\alpha)$$

$$\pi_y = \alpha n^{-\beta} - \frac{\alpha^2}{2\varepsilon}$$

$$\xi[\chi_i(\alpha)] = \Phi_1[\chi_i(\alpha)] - \Phi_0[\chi_i(\alpha)] - \pi_y = b(\alpha) - \pi_y \qquad (6-7)$$

其中,$b(\alpha)$ 是协同创新网络中与 α 有关的效益收入,可以设定为 $b(\alpha) = \alpha^q$。式(6-7)中,当且仅当 $b(\alpha) - \pi_y > 0$ 时,创新网络与市场存在互补关系,反之则存在替代关系。当产品市场处于非竞争状态时,市场收益大于零,则协同创新网络与市场的关系需要根据市场的非竞争状态收益与协同创新的浮动收益进行比较,只有当浮动收益大于市场收益时,协同创新网络与市场才存在互补关系,市场中的创新劳动将向创新网络中流动。同理,当技术创新使得非竞争性市场处于垄断状态时,市场收益的增加会改变创新网络与市场的关系,成为替代关系,创新网络中的创新劳动将流向市场。

4.一体化科技协同创新的第四阶段,创新劳动创造的新质使用价值会转化成国防部门与民用部门各自需要的创新产品,创新劳动的收益既取决于国防部门提供的固定报酬,也来自民用部门产品生产收益或知识产权收益。在一体化科技协同创新阶段,"小核心"的创新网络将成为主要的创新组织形式,"大集成"的模块化生产将要求国防部门与民用部门共同建立超大规模的军工复合体企业。一体化科技协同创新将会形成有序发展多发性基础研究、原始创新的创新生态环境,将极大促进科技创新在国防部门与民用部门的应用,降低创新成本。

第7章 结论与政策建议

本书将一体化科技协同创新分为前沿科技创新评价、协同创新政策、协同创新网络、协同创新人才培养、协同创新成果转化、协同创新市场体系六大子体系。六大子体系是需要依靠市场配置创新资源推动协同有序运行,还是需要政府深度介入推动六大子体系协同有序运行,事关一体化科技协同创新成功与否的关键。现在学术界普遍认为,市场中的企业是创新的主体,需要按照市场配置创新资源来促进创新价值生成,可以实现创新成果无缝衔接转化,按照市场经济生产企业的规律来组织生成创新价值,理由是市场中的企业与生产紧密结合,能快速将创新成果进行转化;市场能自动分配创新要素,降低创新成本;市场能解决信息甄别的难题,形成甄别创新劳动创新能力的机制;市场能形成有效的激励结构,促进创新的自组织构建。毋庸置疑,市场与企业在产品经济的发展中具有巨大的潜在优势,但创新价值生成与产品生产有本质不同,大部分前沿科技创新领域属于公共领域,存在市场失灵的情况。这就天然地决定了政府是一体化科技协同创新的主要推动力。本书通过研究美国一体化科技协同创新体系发现,市场不能自动成为一体化科技协同创新六大子体系有序运行的推动力,美国政府深度介入一体化科技协同创新,是一体化科技协同创新体系运行的核心动力源泉。

一体化科技协同创新体系建设是一个体系工程,需要有体系工程管理的思维。在一体化科技协同创新的不同阶段,需要创新资源的投入与人才培养,要根据国家经济与科技发展的不同阶段采取不同组织形式的一体化科技协同创新体系。创新的不确定性使得一体化科技协同创新组织的结构呈现动态变化的特征,组织结构的变化必然带来围绕创新资源配置的变化,引发一体化科技协同创新六大子体系建设、运行的发展演化。我国在构建一体化科技协同创新体系中存在的核心问题是,如何将分步建设的六大子体系整合成整体运行的协同创新体系。如果按照现有的理论来指导一体化科技协同创新体系的建设,是否会存在每一子体系建设都比较好,但在整体运行上并不能满足国防部门与民用部门对前沿科技创新的需求。本书深入探讨我国一体化科技协同创新实践工作中所面临的三个核心议题:一体化科技协同创新的价值形成过程、一体化科技协同创新成果转化与分配、一体化科技协同创新的组织演化,以此为论证的基础,得出了一些基本结论。

7.1 政府是推动一体化科技协同创新发展演化的主要动力

政府投资建设知识性生产资料,搭建创新与工程研发制造的各类平台,制定政策引导创新资源向前沿科技创新集聚。

7.1.1 知识性生产资料的建设

我国一体化科技协同创新首先要明确含有知识含量高的生产资料应该由社会的哪个主体来投资建设。含有知识含量高的生产资料应该视为公共品,政府作为主要的投资建设方需要投入大量的资金。政府各个部门可以通过建立国家实验室、研究中心,或对企业建设的实验室进行财政补贴、税收减免等政策措施,加大知识产量高的生产资料投资建设,尽可能地实行委托管理机制,将国家实验室和研究中心等委托私营机构或大学进行管理,面向全社会公开使用,实现创新目标需求。创新劳动价值的实现过程能消除国防科技创新与民用科技创新的部门分离。创新劳动价值的实现过程是将创新价值生成与创新成果转化内在统一的过程,在创新阶段,可以按照实现的功能来区分国防科技创新和民用科技创新;在创新价值的实现过程中,要尽可能地实现统一的生产过程,即民用产业和国防工业是有机统一体,根据特定需求能利用统一的产业来实现国防能力和社会生产能力。

7.1.2 搭建创新与工程研发制造的各类平台

我国一体化科技协同创新要积极搭建创新与工程研发制造的创新价值生成与创新成果转化平台、信息数据交换平台和知识产权与技术专利交易平台等,以确保创新价值生成与创新成果转化无缝衔接。前沿科技创新越超前,创新价值生成与创新成果转化分离性就越大。为了促进创新价值生成与创新成果转化,政府部门需要搭建适合国防部门与民用部门两用的创新与工程研发制造领域的平台,使得工程研发制造能适应创新成果转化需求。创新生成的知识和信息需要建立专业化的信息数据平台,特别是涉及国防前沿科技创新的信息数据需要设定访问权限,及时采集和发布创新的前沿知识,促进知识的扩散。政府部门要构建不同专业的知识产权和技术专利交易平台,提升国防科技与民用科技能在不同等级的技术功能设定下的交易效率。市场交易能实现创新劳动价值的多次转化。

7.1.3 制定创新政策与财税政策

政府部门对创新的需求各有不同,即使在国防部门内部,各军兵种对武器装备的技术性能需求也是不相同的。因而,政府部门在制定创新政策时要按照不同部门对创新的需求,由部门主导专业化创新政策的制定与实施。同时,创新是比较优势动态发展的过程,政府部门要及时修订创新政策,以适应创新发展的需求。政府部门要设定创新政策的适用范围与适用年限,以确保创新政策的有效性。我国基于创新的财税政策应该由国务院统一制定实施,财税政策制定的原则是财政资助与税收优惠并行的政策措施,确保创新价值生成与创新成果转化从幼稚产业能成功孵化成为健康的全产业链。

7.1.4 美国构建一体化科技协同创新体系的经验借鉴

美国一体化科技协同创新注重培养战略性创新劳动。美国一体化科技协同创新的组织形式是创新网络。美国政府是一体化科技协同创新体系的核心推动力,美国创新劳动的协同互动结成的创新网络统领六大子体系有序运行,制定适合创新劳动的市场行为与创新网络行为的自主决策权的激励结构。美国政府遵从资本获利的运行规律并没有发生变化,只是将创新价值生成与产品生产严格区分开来。市场经济中的产品生产只是满足消费的需求端,创新则是推动武器装备与产品技术功能优势的供给端。美国政府允许产品的自由竞争,政策制定倾向有利于产品竞争的方面,如制定的各类反垄断法案等,属于产品形成垄断的事后惩处性法案。美国政府主导一体化科技协同创新体系的发展演化,政府围绕前沿科技创新制定的公共政策,多数是围绕促进创新价值生成的事前法案。在创新价值生成阶段,美国政府部门强力介入,构建流动性的创新劳动市场,使创新劳动围绕创新价值生成开展创新活动,组建灵活开放协同互动的自组织创新网络。在创新成果转化阶段,美国政府制定各种政策支持创新成果转化,如科技创新与工程研发制造的协同工作、武器装备产品的采购市场构建、知识产权与专利技术的保护等。美国政府依据创新价值生成与创新成果转化的规律构建一体化科技协同创新体系,形成了完备的一体化科技协同创新体系运行模式。

7.2　一体化科技协同创新体系构建

创新的不确定性决定创新生成的信息量,组织加工信息的能力决定组织结构,从事创新的组织信息结构是推动组织结构演化的主要动力。一体化科技协同创新发展的不同阶段是由创新的不确定性决定的,并且决定创新的组织形式。

7.2.1　"小核心"的创新网络

组织的信息结构决定了一体化科技协同创新在原始性创新领域需要建立"小核心"的创新网络,以适应创新的不确定性。创新网络能形成"小核心"创新价值生成与"大集成"创新成果转化的生产体系协同创新效应。现代武器装备的每个分系统的技术性能是一个独立创新模块。在创新环节,创新模块分系统在技术功能应用上可能存在较大关联,但并不影响创新模块之间的创新关联程度较小的系统集成模式。每一个创新模块都能形成独立的创新网络,在创新过程中成为"小核心"的创新网络。我国一体化科技协同创新建立"小核心"的创新网络,并不是要求所有涉及国防科技创新的领域都要实施创新网络的组织形式,而是要根据创新的领先性来决定创新的组织形式。凡是涉及前沿科技创新的基础研究、原始性创新,就应该建立按照学科模块划分的"小核心"的创新网络。除此之外的创新,如模仿型创新、追赶型创新仍要发挥社会主义集中力量办大事的优势,集中创新资源,在较短的时间内实现创新价值的生成与创新成果的转化。

7.2.2　"大集成"的生产体系

在生产环节,创新模块通过技术集成生成复杂武器装备系统或产品,在生产过程中成为"大集成"的创新成果转化模式。从发达国家国防科技工业发展经验来看,大型军工企业逐步形成大的集成创新成果转化能力,创新模块的创新研发更多的是借助创新网络来完成,大型军工企业内部承担创新项目远低于市场中创新网络承担的创新项目份额。"大集成"的创新成果转化生产体系能有效降低传统创新组织的协调成本,增加协同创新效应;也能有效增强同质创新模块创新网络之间的竞争,促进协同创新效率和质量的提升,增加创新活力和创新机会的发现。我国按照武器装备生产能力,建立了十大军工复合体企业,但总体来说,这些军工复合型企业还没有完成全产业链布局,过度重视生产效益,对集成创新的能力建设投入不够。军工复合型企业要具备一定的创新研发能力,但更重要的是建立创新生态圈,重点建设集成创新的能力,利用外部创新网络与内部创新的关系,形成灵活的一体化科技协同创新组织形式,最终实现"大集成"的生产体系。

7.3 构建市场激励结构下的流动性创新劳动市场

创新劳动围绕创新项目构建自组织的创新网络,创新劳动在不从事创新活动时要主动进入与创新有关的部门承担前沿科技创新的组织或管理工作,创新价值的分配要倾向于直接贡献创新价值生成的创新劳动。

7.3.1 建立创新项目市场清单

一体化科技协同创新是一种复杂的创新活动,需要建立基于成熟评价系统上的知识性生产资料的创新项目清单。创新项目来源于现实武器装备或产品的项目系统分解,或是来源于创新评价确立的创新方向。创新项目是创新劳动自愿构建创新网络的目标导向,在创新项目的筛选过程中,创新劳动会自动匹配与其学科专业相符、风险最小和最容易出创新成果的创新项目,可以有效降低信息不对称导致的成本问题,以及创新不确定性带来的风险性问题。创新项目清单建立的原则是与创新研发需要的知识性生产资料,如创新实验室、创新研发中心,能满足创新劳动开展创新活动场景的要求。创新项目需要引入内部同行评价机制,在创新项目的事前立项、事中进展、事后创新成果阶段进行里程碑式评价和不定期评价,减少创新不确定性带来的风险。创新项目要尽可能建立跨学科的一体化科技协同创新,建立创新实验室或创新研发中心的跨学科创新网络体系,形成微观的创新劳动协同互动网络与宏观的创新实验室网络,使创新劳动能够根据创新项目的要求在创新网络内进行流动。

7.3.2 构建"旋转门"式的创新劳动流动机制

一体化科技协同创新中的具体创新项目呈现动态发展的状态,创新项目会有完成时限的要求。创新劳动的创新活动状态会随着创新项目的运行状态开展创新活动,如果创新项目已经完成,创新劳动会暂时性的不进行创新活动,或随着年龄的增长,直接参与创新活动所投入的精力减少。创新劳动会根据创新的能力需求匹配创新活动中的工作,如从直接参与创新活动转变为前沿科技创新的组织与管理,或成为创新成果转化的承担者。我国政府部门需要建立"旋转门"式的创新劳动流动机制,根据创新劳动不同时期具有的创新能力激励创新劳动承担创新过程的具体职能任务,尽可能地利用创新劳动拥有的创新能力,使其成为前沿科技创新的组织者、管理者、成果转化的企业家和创新活动的直接贡献者。"旋转门"式机制的设计要根据创新劳动创新能力的变化进行适配,设定政府、创新网络与创新企业的创新劳动流动机制,激励创新劳动从事与创新活动相关的工作,逐步建立起以创新劳动学科专业划分的创新中介服务机构和金融科技创新工程等,加快建立我国特色的一体化科技协同创新体系运行模式。

7.3.3 构建完备的创新价值分配制度

一体化科技协同创新是生成创新价值的一种组织形式,创新劳动拥有的专业学科知识与创新项目匹配度是一体化科技协同创新建立组织结构的核心问题。创新价值的生成要求创新的组织结构具有开放性、协同性,即能够使创新劳动在创新网络中自主协同互动的组织形式。同时,创新价值的生成也影响专业中介组织创新评价的评价功能、投资导向和协同创新网络内的激励结构。创新价值的超常性要求一体化科技协同创新的分配需要倾向于创新劳动。创新劳动与知识的不可分离性要求创新价值分配权益要能够最大限度地激励创新劳动创新能力的潜力,激发创新劳动的主动性。

知识的生产方式需要建立在创新劳动与知识不可分离性的前提下,在知识生产的组织方式上要实现创新劳动拥有自主行为选择的决策权,创新劳动拥有市场行为选择和创新网络行为选择的权利,在激励结构中生成创新价值,以及创新价值分配的最优化;知识产权界定要倾向于创新劳动,明确创新价值贡献;在创新价值实现上呈现二次转化与多次转化,创新劳动的收益不是一次实现,而是二次或多次实现;在创新价值分配上,要以知识产权转让与技术专利授权为主,尽可能地将创新价值与创新劳动统一起来。

7.4 政策建议

政府部门将一体化科技协同创新上升为一体化国家战略体系与能力建设的制高点。新时代,我国创新资源的极大丰富,推动一体化科技协同创新进入大发展时期。政府部门顶层设计逐步优化,国防部门与民用部门分割创新的壁垒逐渐被打破,激励创新的政策制度更倾向于创新劳动,军工科研单位的企业化改革创造了流动性的创新劳动市场,各类专业化中介机构和金融科技工程得以建立,努力建设区域性的创新价值生成与创新成果转化中心,各级政府努力建设一流创新生态环境。一体化科技协同创新是一项动态发展的体系性工程,需要在实践工作中总结和提升一体化科技协同创新演化发展的规律。

一是要充分认清一体化科技协同创新体系建设的时代特征。当前,我国一体化科技协同创新体系建设经历了四个发展阶段,最主要的区分是在引入市场机制后,如何建立与市场发展相适应的一体化科技协同创新体系,即创新的发展既要能提升武器装备的科技含量,又能提高产品的质量和竞争力。一体化科技协同创新体系构建要按照时代发展的要求,市场配置创新资源要围绕创新价值生成的方向,最大化地激励创新劳动潜在的创新能力。

二是要分类推进一体化科技协同创新的组织结构改革。创新的不确定性是产生协同创新的根本要求,创新生成的巨大信息量对组织加工信息的能力提出新的要求,组织结构依赖信息结构。创新的不确定性影响一体化科技协同创新组织结构,其结构是一种动态变化的信息结构,需要具有开放性、灵活性和协同性。我国一体化科技协同创新要区分创新的不确定性程度,分类建立创新的组织结构。

三是要逐步建立充分流动的创新劳动市场。一体化科技协同创新的最高阶段是基础研究、原始性创新。经过一段时期的前沿科技创新追赶,我国会成为前沿科技创新的引领者。学科分类的创新劳动协同互动将成为一体化科技协同创新体系运行的主要模式,科技协同创新会成为国防部门与民用部门一体化融合创新。在存在市场经济的条件下,创新劳动自主选择的意愿和能力直接决定一体化科技协同创新价值生成与创新成果转化的效能。政府部门需要制定公共政策,引导社会资本向知识性生产资料投入,激励创新劳动自组织建立创新网络,形成动态性的创新网络组织结构和流动的创新劳动市场运行体系与激励机制。

参 考 文 献

[1] 习近平.习近平论强军兴军[M].北京:解放军出版社,2017.

[2] 余爱水.军事与经济互动论[M].北京:中国经济出版社,2005.

[3] 赵培兴.创新劳动论[M].北京:中央文献出版社,2006.

[4] 张新国.国防装备系统工程中的成熟度理论与应用[M].北京:国防工业出版社,2013.

[5] 尼尔森.国家(地区)创新体系:比较分析[M].曾国屏,刘小玲,王程韡,等译.北京:知识产权出版社,2012.

[6] 法格博格,莫利,纳尔逊.牛津创新手册[M].郑刚,蔺雷,李纪珍,译.北京:知识产权出版社,2009.

[7] 李德义.马克思主义军事理论的当代价值[M].北京:军事科学出版社,2010.

[8] 青木昌彦,安藤晴彦.模块时代:新产业结构的本质[M].周国荣,译.上海:上海远东出版社,2003.

[9] 斯蒂格利茨.信息经济学:应用[M].纪沫,陈佳,刘海燕,译.北京:中国金融出版社,2009.

[10] 青木昌彦.比较制度分析[M].周黎安,译.上海:上海远东出版社,2001.

[11] 法米罗.天地有大美:现代科学之伟大方程[M].涂泓,吴俊,译.上海:上海科技教育出版社,2006.

[12] 张维迎.博弈论与信息经济学[M].上海:上海人民出版社,2004.

[13] 斯蒂格利茨.公共财政[M].纪沫,严森,陈工文,译.北京:中国金融出版社,2009.

[14] 斯蒂格利茨.信息经济学:应用[M].纪沫,陈佳,刘海燕,译.北京:中国金融出版社,2009.

[15] 张代平,吕彬,魏俊峰,等.美国国防预研管理[M].北京:国防工业出版社,2013.

[16] 魏俊峰,赵超阳,谢冰峰,等.美国国防高级研究计划局(DARPA)透视[M].北京:国防工业出版社,2015.

[17] 白春礼.世界主要国立科研机构概况[M].北京:科学出版社,2013.

[18] 尼尔,史密斯,麦考密克.超越斯普尼克:21世纪美国的科学政策[M]. 樊春良,李思敏,译.北京:北京大学出版社,2017.

[19] 侯光明,等.国防科技工业军民融合发展研究[M].北京:科学出版 社,2009.

[20] 夏皮拉,库尔曼.科技政策评估:来自美国与欧洲的经验[M].方衍,刑怀 滨,等译.北京:科学技术文献出版社,2015.

[21] 《十年决策:世界主要国家(地区)宏观科技政策研究》研究组.十年决 策:世界主要国家(地区)宏观科技政策研究[M].北京:科学出版 社,2014.

[22] CHAIT R,LYONS J,LONG D.再论项目研发后见之明[M].王狂飙,译. 北京:兵器工业出版社,2013.

[23] 国际科技战略与政策年度观察研究组.国际科技战略与政策年度观察 2016[M].北京:科学出版社,2017.

[24] 刘书雷,赵海洋,吴集,等.世界国防战略前沿技术发展动向与影响[M]. 北京:国防工业出版社,2014.

[25] 赵刚,林源园.美国的创新[M].武汉:华中科技大学出版社,2016.

[26] 钟少颖,聂晓伟.美国联邦国家实验室研究[M].北京:科学出版 社,2017.

[27] 吉尔德.知识与权力:信息如何信息决策及财富创造[M].蒋宗强,译.北 京:中信出版集团,2015.

[28] 卡普兰,诺顿.组织协同:运用平衡计分卡创造企业合力[M].博意门咨 询公司,译.北京:商务印书馆,2006.

[29] 蔡剑.协同创新论[M].北京:北京大学出版社,2012.

[30] 庄福龄.老祖宗不能丢:学习和掌握马克思主义十讲[M].北京:中国人 民大学出版社,2015.

[31] 哈肯.协同学:大自然构成的奥秘[M].凌复华,译.上海:上海译文出版 社,2001.

[32] 陈劲.协同创新[M].杭州:浙江大学出版社,2012.

[33] 王众托.知识管理与组织创新[C]//侯光明.国防科技组织创新前沿科 学问题:香山科学会议第288次学术讨论会论文集.北京:科学出版 社,2007.

[34] 侯光明.加强国防科技组织创新推动寓军于民创新体系建设[C]//国防 科技组织创新前沿科学问题:香山科学会议第288次学术讨论会论文

集.北京:科学出版社,2007.

[35] 夏国洪.军工企业的组织创新理论与实践[C]//侯光明.国防科技组织创新前沿科学问题:香山科学会议第288次学术讨论会论文集.北京:科学出版社,2007.

[36] 李维安.我国国防科技组织的治理与创新:IT治理与信息化绩效[C]//侯光明.国防科技组织创新前沿科学问题:香山科学会议第288次学术讨论会论文集.北京:科学出版社,2007.

[37] 鲁品越."创新劳动"价值与社会生产历史进程:两层次劳动价值创造论[J].哲学研究,2009(7):3-9.

[38] 黄建榕,柳一超.美国科技创新能力评价的做法与借鉴[J].当代经济管理,2017,39(10):88-93.

[39] 董振华.自主创新道路与创新劳动价值论[J].自然辩证法研究,2011,27(11):118-123.

[40] 刘诗白.论科技创新劳动[J].经济学家,2001(3):4-14.

[41] 裴小革.创新劳动初探[J].经济学动态,2012(1):28-34.

[42] 严海宁.创新劳动的网络价值研究[J].自然辩证法研究,2015,31(8):114-118.

[43] 严海宁,雷轶.创新劳动的时代特点及其个人意蕴[J].科技管理研究,2014(3):1-4.

[44] 刘诗白.当代科技创新劳动在创造价值中的作用[J].求是,2002(5):42-44.

[45] 张新颖,笪志刚.创新性的创新劳动价值论:评赵培兴先生的《创新劳动价值论》修订版[J].学习与探索,2014(11):103-106.

[46] 李定中.技术创新劳动在价值创造中的独特作用[J].经济经纬,2003(1):1-5.

[47] 王明辉.基于产业链的纵向协同创新模式研究[J].现代管理科学,2015(8):57-59.

[48] 潘凡峰,高长春,刘畅.跨区域产业价值链协同创新与路径选择[J].湖南社会科学,2015(2):138-141.

[49] 曾祥炎,刘友金.基于价值创新链的协同创新:三阶段演化及其作用[J].科技进步与对策,2013,30(20):20-24.

[50] 张鹏,高晓娜.政产学研协同创新的演化路径研究[J].大连大学学报,2017,38(2):115-119.

[51] 李海海,孔莉霞.国外军民科技协同创新的典型模式及借鉴[J].经济纵横,2017(10):122-128.

[52] 杜兰英,陈鑫.政产学研用协同创新机理与模式研究:以中小企业为例[J].科技进步与对策,2012,29(22):103-107.

[53] 吕静,卜庆军,汪少华.中小企业协同创新及模型分析[J].科技进步与对策,2011,28(3):81-85.

[54] 曹兴,杨春白雪,高远.核心企业主导下创新网络合作行为实验研究[J].科研管理,2018,39(2):10-18.

[55] 孙笑明,王静雪,王成军,等.研发者专利合作网络中结构洞变化对企业创新能力的影响[J].科技进步与对策,2018,35(2):115-122.

[56] 钟春平,田敏.预期、有偏性预期及其形成机制:宏观经济学的进展与争议[J].经济研究,2015,50(5):162-177.

[57] 马腾,贾荣言,刘权乐,等.我国创新网络研究演进脉络梳理及前沿热点探析[J].科技进步与对策,2018,35(3):22-28.

[58] 吴钊阳,邵云飞,党雁.产业集群协同创新网络结构演化:以"一校一带"模式为例[J].技术经济,2018,37(1):8-17.

[59] 高杰,丁云龙.基于科学计量的创新研究群体合作网络构型可视化分析[J].科技进步与对策,2018,35(7):9-17.

[60] 高良谋,韵江,马文甲.开放式创新下的组织网络能力构架[J].经济管理,2010,32(12):71-78.

[61] 张秀萍,王振.社会网络在创新领域应用研究的知识图谱:基于 Cite Space 的可视化分析[J].经济管理,2017,39(10):192-208.

[62] 徐娜娜,彭正银.本土产品开发能力、创新网络与后发企业逆向创新的案例研究[J].研究与发展管理,2017,29(5):99-112.

[63] 王金萍,杨连生.美国科技协同创新的发展实践及其现实启示[J].经济体制改革,2016(1):167-171.

[64] 邱国栋,田杨,王涛.创新发展新动力:双向嵌入性协同创新研究[J].社会科学辑刊,2015(1):36-44.

[65] 林莉,王瑜杰,董美霞.基于博弈论视角的利益相关者协同创新策略研究[J].工业技术经济,2013,32(10):3-7.

[66] 周宾.军民融合产业技术协同创新能力影响因素分析与提升对策[J].科技进步与对策,2015,32(11):87-93.

[67] 赵黎明,孙健慧,张海波.军民融合技术协同创新行为分析[J].科技进步

与对策,2015,32(13):111-117.

[68] 刘敏.军民融合高技术产业创新体系建设研究:以陕西省为例[J].科技进步与对策,2011,28(10):79-83.

[69] 孙霞,赵林榜.军民融合国防科技创新体系中企业的地位与作用[J].科技进步与对策,2011,28(23):91-95.

[70] 彭春丽,黄朝峰.军民融合国防科技工业自主创新5W模式研究[J].科技进步与对策,2013,30(21):101-105.

[71] 邵亚虹,张明亲.军民融合技术创新网络组织负效应及其规避[J].科技和产业,2015,15(9):85-87.

[72] 乔玉婷,鲍庆龙,曾立.军民融合协同创新绩效评估及影响因子研究:以长株潭地区为例[J].科技进步与对策,2015,32(15):120-124.

[73] 严剑峰,包斐.军民融合型国家科技创新系统构成与运行研究[J].科技进步与对策,2014,31(22):89-96.

[74] 胡红安,刘丽娟.我国军民融合产业创新协同度实证分析:以航空航天制造产业为例[J].科技进步与对策,2015,32(3):121-126.

[75] 杨少鲜,皮成功,贾小漫.基于C-K理论的军民两用技术与产品创新[J].科技进步与对策,2014,31(7):84-88.

[76] 毕克新,孙德花.基于复合系统协调度模型的制造业企业产品创新与工艺创新协同发展实证研究[J].中国软科学,2010(9):156-162.

[77] 徐蕾.基于博弈论的协同创新行为研究[J].工业技术经济,2015,34(12):137-143.

[78] 徐辉,许嵩.军民融合深度发展的科技协同创新体系研究[J].科技进步与对策,2015,32(18):104-108.

[79] 李东,罗倩.创新获利条件、合作控制权与载体商业模式:基于C-P-C逻辑的合作创新控制权分析框架[J].中国工业经济,2013(2):104-116.

[80] 何一清,乔晓楠.协同创新、协同创新网络与技术创新[J].北方民族大学学报(哲学社会科学版),2015(2):133-136.

[81] 钱雨,吴冠霖,孙新波,等.产学研协同创新成员协同行为构成要素及关系研究[J].科技进步与对策,2015,32(16):15-21.

[82] 葛秋萍,汪明月.产学研协同创新技术转移风险评价研究:基于层次分析法和模糊综合评价法[J].科学进步与对策,2015,32(10):107-113.

[83] 邱国栋,田杨,王涛.创新发展新动力:双向嵌入性协同创新研究[J].社会科学辑刊,2015(1):36-44.

[84] 李林,贾佳仪,杨葵.基于合作博弈的协同创新项目的风险分担[J].社会科学家,2015(3):64-68.

[85] 刘义,陈建华.美国国防采购与中小企业发展创新互动研究[J].黑龙江对外经贸,2011(11):58-60.

[86] 傅晓霞,吴利学.技术差距、创新环境与企业自主研发强度[J].世界经济,2012,35(7):101-122.

[87] 郭朝阳,王世伟,王淡明.不同类型战略联盟对企业价值的影响:中国股市的事件研究[J].经济管理,2014,36(5):60-69.

[88] 安同良,周绍东,皮建才.R&D补贴对中国企业自主创新的激励效应[J].经济研究,2009,44(10):87-98.

[89] 吴延兵,米增渝.创新、模仿与企业效率:来自制造业非国有企业的经验证据[J].中国社会科学,2011(4):77-94.

[90] 庄子银.创新、企业家活动配置与长期经济增长[J].经济研究,2007,42(8):82-94.

[91] 严成樑,胡志国.创新驱动、税收扭曲与长期经济增长[J].经济研究,2013,48(12):55-67.

[92] 范如国.复杂网络结构范型下的社会治理协同创新[J].中国社会科学,2014(4):98-120.

[93] 吴延兵.国有企业双重效率损失研究[J].经济研究,2012,47(3):15-27.

[94] 李宏彬,李杏,姚先国,等.企业家的创业与创新精神对中国经济增长的影响[J].经济研究,2009,44(10):99-108.

[95] 周亚虹,蒲余路,陈诗一,等.政府扶持与新型产业发展:以新能源为例[J].经济研究,2015,50(6):147-161.

[96] 殷存毅,汤志林.纵向治理、资源配置与创新网络:中关村与竹科的比较分析[J].国际经济评论,2010(5):48-60.

[97] 赵勇,白永秀.知识溢出:一个文献综述[J].经济研究,2009,44(1):144-156.

[98] 宋跃刚,杜江.制度变迁、OFDI逆向技术溢出与区域经济创新[J].世界经济研究,2015(9):60-73.

[99] 王聪,何爱平.创新驱动发展战略的理论解释:马克思与熊彼特比较的视角[J].当代经济研究,2016(7):57-65.

[100] 何怀平.复杂结构组织绩效管理系统的涌现及协同研究[D].天津:天津大学,2006.

[101] KESSELER, GUENOV. Advances in collaborative civil aeronautical multidisciplinary design optimization [M]. New York：American Institute of Aeronautics and Astronautics, 2010.

[102] HAWAMDEH. Creating collaborative advantage through knowledge and innovation [M]. Singapore：World Scientific Publishing House, 2013.

[103] WESSNER, RAPPORTEUR. Building the arkansas innovation economy：summary of a symposium [M]. Washington D. C.：The National Academies Press, 2012.

[104] POTTER, MIRANDA. Clusters, innovation and entrepreneurship [M]. Paris：OECD Publishing, 2009.

[105] ACEMOGLU. Diversity and technological progress [M]. Chicago：University of Chicago Press, 2011.

[106] TONG X, YU L. Evolutionary game analysis on the co-opetition of enterprise innovation in hi-tech industry cluster [C] // Management Science and Engineering. New York：IEEE Xplore, 2013：1955-1961.

[107] KAUL, GRUNBERG, STERN. Global public goods：international cooperation in the 21st century [C]. New York：Oxford University Press, 1999.

[108] CORMODE, MA, MUTHUKRISHNAN, et al. Modeling collaboration in academia：a game theoretic approach [J]. CoRR, 2014(1)：1407.

[109] WU Y H. Incentive contracts and the allocation of talent [J]. The Economic Journal, 2017(607)：2744-2783.

[110] GAGNON, GOYAL. Networks, markets, and inequality [J]. The American Economic Review, 2017(107)：1-30.

[111] TAYLOR, JONKER. Evolutionarily stable strategies and game dynamics [J]. Mathematical Biosciences, 1978(40)：145-156.

[112] LI Z F, YE J F, XIA C Y. The approach to accelerate collaborative new product development process through managing knowledge sharing behaviors [J]. European Journal of Business and Management, 2014, 6(2)：146 -149.

[113] KITAGAWA. Collaborative doctoral programmes：employer engagement, knowledge mediation and skills for innovation [J]. Higher Education Quarterly, 2014, 68(3)：328-347.

[114]　LENOX. Organizational design, information transfer, and the acquisition of rent-producing resources [J]. Computational & Mathematical Organization Theory,2002,8(2):113-131.

[115]　HARTLEY, SORENSEN, TORFING. Collaborative innovation: a viable alternative to market competition and organizational entrepreneurship [J]. Public Administration Review. 2013,73(6):821-830.

[116]　FAEMS, JANSSENS, BOUWEN, et al. Governing explorative R&D alliances: searching for effective strategies [J]. Management Revue,2006, 17(1):9-29.

[117]　GREER, LEI. Collaborative innovation with customers: a review of the literature and suggestions for future research [J]. International Journal of Management Reviews,2012,14(1):63-84.

[118]　ACEMOGLU, MOSCONA, ROBINSON. State capacity and American technology: evidence from the nineteenth century [J]. The American Economic Review,2016(5):61-67.

[119]　SIPRI. SIPRI yearbook 2014: armaments, disarmament and international security [J]. Medicine, Conflict and Survival,2015,31(3-4):179-181.

[120]　SANTOS,KAPOOR,TONELLI,et al. Collaborative innovation in the public sector a case of the Brazilian Federal Government [J]. Lecture Notes in Computer Science,2015,9265(1):132-145.

[121]　FRANCOY, LEONCINIZ. Measuring China's innovative capacity: a stochastic frontier exercise [J]. Economics of Innovation and New Technology,2013,22(2):199-217.

[122]　HSU Y C,LEE C C. The impact of military technology transfer on economic growth: international evidence [J]. Applied Economics, 2012, 44 (19):2437.

[123]　BLOM, CASTELLACCI, FEVOLDEN. Defence firms facing liberalization: innovation and export in an agent-based model of the defence industry [J]. Computational & mathematical organization theory,2014,20(4):430-461.

[124]　STIGLITZ. Leaders and followers: perspectives on the Nordic model and the economics of innovation [J]. Journal of Public Economics,2015(127): 3-16.

[125]　FERREIRA, LEE. An integrated two-stage diffusion of innovation model

with market segmented learning [J]. Technological Forecasting & Social Change,2014(88):189-201.

[126] AVENALI,BATTISTELLA,MATTEUCCI,et al. A mechanism for supporting collective innovation: the open contract-based challenge [J]. Information Systems and e-Business Management,2013,11(4):541-568.

[127] PETERS,ROBERTS. Estimating dynamic R&D choice: an analysis of costs and long-run benefits [J]. The RAND Journal of Economics,2017,48(2): 409-437.

[128] KERR. Breakthrough inventions and migrating clusters of innovation [J]. Journal of Urban Economics,2009,67(1):46-60.

[129] LAEVEN, LEVINE, MICHALOPOULOS. Financial innovation and endogenous growth [J]. Journal of Financial Intermediation,2015,24(1): 1-24.

[130] CHIU,MEH,WRIGHT. Innovation and growth with financial, and other, frictions [J]. International Economic Review,2017,58(1):95-125.

[131] LUCAS,MOLL. Knowledge growth and the allocation of time [J]. Journal of Political Economy,2014,122(1):1-51.

[132] HALL, LOTTI, MAIRESSE. Evidence on the impact of R&D and ICT investment on innovation and productivity in Italian firms [J]. Economics of Innovation and New Technology,2013,22(3):300-328.

[133] MEISENZAH,MOKYR. The rate and direction of invention in the British industrial revolution: incentives and institutions [J]. The Rate and Direction of Inventive Activity Revisited,2012:443-482.

[134] DARON. When does labor scarcity encourage innovation? [J]. Journal of Political Economy,2010,118(6):1037-1078.

[135] EICHENGREEN,PARK,SHIN. When fast-growing economies slow down: international evidence and implications for China [J]. Asian Economic Papers,2012,11(1):42-87.

[136] LEONID,DIMITRIS,AMIT. Technological innovation, resource allocation, and growth [J]. Quarterly Journal of Economics,2017,132(2):665-712.

[137] ISAKSSON, JOHANSSON, FISCHER. Detecting supply chain innovation potential for sustainable development [J]. Journal of Business Ethics, 2010,97(3):425-442.

[138] GREENWOOD. Technological progress and economic transformation [J]. Handbook of Economic Growth,2005(1):1225-1273.

[139] NAN, ZMUD, YETGIN. A complex adaptive systems perspective of innovation diffusion: an integrated theory and validated virtual laboratory [J]. Computational and Mathematical Organization Theory,2014,20(1): 52-88.

[140] AKERMAN,SEIM. The global arms trade network 1950—2007 [J]. Journal of Comparative Economics,2014,42(3):535-551.

[141] ZHENG, KJETIL, FABRIZIO. Growing like China [J]. The American Economic Review,2011,101(1):196-233.

[142] KELLER,YEAPLE. The gravity of knowledge [J]. The American Economic Review,2013,103(4):1414-1444.

[143] ALEXOPOULOS. Read all about it!! What happens following a technology shock? [J]. The American Economic Review,2011,101(4):1144-1179.

[144] COMIN,HOBIJN. An exploration of technology diffusion [J]. The American Economic Review,2010,100(5):2031-2059.

[145] PISSARIDES. Equilibrium in the labor market with search frictions [J]. The American Economic Review,2011,101(4):1092-1105.

[146] DIAMOND. Unemployment, vacancies, wages [J]. The American Economic Review,2011,101(4):1045-1072.

[147] STIGLITZ. In praise of Frank Ramsey's contribution to the theory of taxation [J]. The American Economic Review,2015,125(583):235-268.

[148] CHENG L,HUO H,ZHOU H. Cooperation innovation of virtual-industry cluster-based on evolutionary game [J]. Journal of Theoretical and Applied Information Technology,2013,49(3):881-886.

[149] PATINIOTAKIS,APOSTOLOU,MENTZAS. Unified collaborative innovation framework [J]. Learning and Intellectual Capital,2012,9(3):260-275.

[150] CHATTERJI, GLAESER, KERR. Clusters of entrepreneurship and innovation [J]. Innovation Policy and the Economy, 2014, 14(4): 129-166.

[151] DELGADO,PORTER,STERN. Defining clusters of related industries [J]. Journal of Economic Geography,2016,16(1):1-38.

[152] DAVID, HOPENHAYN, VENKATESWARAN. Information, misallocation

and aggregate productivity [J]. The Quarterly Journal of Economics,2016, 131(5):943-1005.

[153] KENNETH. The economic implications of learning by doing [J]. The Review of Economic Studies,1962,29(3):155-173.

[154] CARLINO, KERR. Agglomeration and innovation [J]. Handbook of Regional and Urban Economics,2014(5):349-404.

[155] BROWN, DEE. Differential benefits to firms participating in multi-partner collaborative innovation [D]. Salt Lake City:The University of Utah,2010.

后　记

　　一体化科技协同创新体系运行效能最终体现为创新劳动创造新质使用价值的能力与效率,即创新劳动引入想象力的新颖性生成抽象意识的能力。这需要从更为基础的社会生态体系对创新劳动创造异质性信息影响方面加以考量。个体引入想象力的新颖性所创造的异质性信息具有抽象意识的形态。一切非抽象意识的信息归于噪声,会影响异质性信息的生成与传输,需要区分常识(习俗)、制度、知识、文化、文明等异质性信息的生成与表达,以此为基础阐释个体如何引入想象力的新颖性创造异质性信息——新知识。同时,拥有差异化知识背景的创新劳动协同互动,在相互启发的过程中引入想象力的新颖性创造异质性信息,创新生成的信息量决定了创新的组织结构与信息结构,推动一体化科技协同创新模式演化。

　　信息传输会受噪声影响,如果所要传输的信息异质性程度较低,就会被湮没在噪声中。然而,湮没在噪声中的信息虽然会形成噪声背景的一部分,但当某一时刻,信息所具有的某一方面异质性也会因噪声同化背景密度降低而凸显出来。信息的异质性不是说刻意追求信息之间的差异性,或是刻意制造虚无的信息来标显其异质性,而是个体在追求真与美的过程中,能发现趋于事物本质运行规律的信息表达。事物本质的运行规律是一种自然的运行规律,其存在性不以人的感官意识为决定,需要既借助感官意识,又不能依赖感官意识,而是需要引入想象力的新颖性从一般的现象(感官意识)中抽象出事物的本质运行规律。也就是说,在既有的噪声背景中,如果个体不引入想象力的新颖性,也就不会触发个体抽象出趋近于事物的本质规律的能力与潜力。此时,信息的异质性就等同于是否引入想象力的新颖性作为信息表达的标识。为什么信息的异质性能与引入想象力的新颖性趋于一致? 为什么注入了想象力的新颖性信息就具有异质性信息的特质,而不易被湮没在噪声中?

一、异质性信息表达

　　信息表达、传输、扩散、加工、处理、异质性等属于信息生成与运行的基本功能。个体接受噪声信息的量要远远高于异质性信息的量。噪声信息所具有的异质性并不引入想象力的新颖性,而是为提高自身辨识度强制注入的扩散性。

噪声信息与异质性信息的本质区别在于是否引入想象力的新颖性,在社群或社会传播中是否引发个体的思辨与社群群体的社会思维整体跃迁。信息通过媒介扩散到社群中,个体有意识或无意识地接收信息,信息的异质性则表现为在个体记忆中留痕的时序性。信息的异质性在于个体接收信息是否触发思辨。个体接受某一类信息而没有引发思辨,或引发很少的思辨,那么这类信息就会成为噪声背景中的一部分。没有引发思辨的信息在个体记忆中留存的时间会非常短暂。在信息传播的整个生命周期中,这类信息就会湮没在记忆的长河中,对个体的行为和意识基本不能产生影响。所以,要区分常识(习俗)、制度、知识、文化、文明之间的差异,从而更好地辨识噪声与异质性信息。

(一)常识(习俗)

常识(习俗)是社群集体记忆。在常识形成的过程中,个体引入想象力的新颖性会经历信息的表达、传播、扩散、加工、处理、异质性等过程。个体接受常识会触发思辨过程,更为关键的是常识成为社群集体异质性信息的表达。也就是说,常识(习俗)是事物运行本质规律的反映,在形成过程中经历了异质性信息从感官意识上升为抽象意识,具有了反映事物运行本质规律的特征。例如,在几何学的发展过程中,引入公理性的常识作为几何知识的逻辑起点,其他一切几何知识都是从公理中推导演化出来的。又如,牛顿完成的巨著《自然哲学的数学原理》,也是从一般的常识,如物质的计量、运动的属性、运动的几何规律变化,逐渐推演出代表人类认识宏观宇宙的最高等级的知识。也就是说,噪声不能等同于常识,或是形成噪声背景中某一部分信息其自身不具备常识性功能,也不能留痕于记忆中对个体的行为和意识产生影响。那些暂时不能归为常识的信息,被湮没在噪声中,并不是说不具备常识的信息特征,而是个体还不具备从噪声中被识别并抽象为常识的条件。噪声融入信息形成背景的量与常识、制度、知识的维度和丰度显著相关。噪声越宽泛,常识的维度越丰厚。

(二)制度

为了强化社群集体异质性信息表达的能力,社群经过一系列个体与社群博弈关系制定了一套符合事物运行规律的制度,确保在某些关键环节或结点异质性信息能得到传输、扩散、加工、处理,不因制度的信息异质性程度较低而湮没在噪声中。个体的思辨过程本身充满矛盾性,其行为表现在社群中,会因个体思辨过程的差异性放大其与其他个体的矛盾性,或可导致社群发生不可调和的矛盾。为了维护社群的正常运行,社群中的个体有意愿和能力将个体矛盾性与社群矛盾性控制在一个合理的范围内,即制定一套具有冗余度的制度,最大限度地包容个体矛盾与社群矛盾现实存在的事实与潜在存在的可能性,最大限度地激发个体引入想象力的新颖性,创造异质性信息,社群才能获得整体跃迁的社会思维。也就是说,制度的设计本身就存在一种规律性,或者说制度本身需要与事物运行的规律相契合。这种契合性在于包容个体思辨过程中的矛盾与社群内在矛盾,形成有利于引导矛盾运动发展的动力,而不是一味限制打压矛盾发展。然而,从现实来看,制度的制定往往会因个体感官意识或社群群体思维的局限性,不掌握矛盾运动发展的规律,潜意识地拒绝对旧制度的破坏与变革。制度就有意识或无意识地成为事无巨细地指导个体和社群行为的细则、准则。制度一旦凌驾于事物运行规律之上,就会成为权力的奴仆,其惧怕的不是自身的不断完善,而是内部矛盾运行发展导致的破坏与变革。此时的制度不再作为异质性信息的表达,而是作为噪声中最强有力的背景部分,成为湮没异质性信息的元凶。社群群体异质性信息的表达在于个体思辨过程的矛盾性、社群矛盾运行发展规律与制度的契合性,也在于制度变革的动力来自个体引入想象力的新颖性、异质性信息多样性汇总形成的规律,而不是凌驾于社群群体上的某一类特定群体空想出来的制度。

个体思辨过程的矛盾性会影响其行为与意识,但并不必然地表现为个体在社群中活动无限度地放大这种矛盾性。个体思辨过程的矛盾性内在地反映个体引入想象力的新颖性与已有的常识、知识等产生的不兼容的矛盾性。这种矛盾性反映的是个体在追寻事物运行发展规律的过程中,感官意识与(潜在)抽象意识之间的矛盾。如果一种社会制度的制定更多地倾向于个体感官意识的存在,而不是为生成(潜在)抽象意识服务,要么社会制度会被湮没在历史噪声信息中而没有形成社群异质性信息表达,要么会无力承担社群内部矛盾的集中爆发遭到毁灭性颠覆。

(三)知识

知识是个体思辨形成的抽象意识和智慧的结晶,是掌握事物运行发展规律抽象意识的表达,是引入想象力的新颖性异质性信息标准化过程。因而,知识一经形成,就与感官意识有本质区别。知识的形成过程是感官意识在实践中辨识自然概念,掌握运用自然规律的过程,经历了长期的感官意识辨识、思辨的代际积累,并不断趋于探索发现事物运行规律的本质。知识的表达与思辨的抽象意识有一定分离性。思辨的抽象意识过程快速闪现在脑海中,也会迅速消失于无形,并在同一时间融入多源信息,在思辨过程中经过思维的加工处理,转化为内在的自在精神的抽象意识。个体学习知识所形成的逻辑与思维、在对比分析中形成的抽象意识受限于语义结构、语义逻辑、语义结果与事物运行规律的契合性等,与思维的想象具有分离性的特征。语义表述与思维迅逝的结构性矛盾造成了个体思辨的抽象意识并不能被完整地表达为知识。也就是说,抽象意识与知识表达的分离性造成个体在学习知识的过程中,感官意识不能满足潜在的抽象意识需求,或是现有的知识对抽象意识表达的不充分,给予个体引入想象力的新颖性的空间,即任何现有的知识都给个体引入想象力的新颖性形成思辨的抽象意识创造了足够的空间,使个体具有创造出异质性信息的意愿与自驱力。当知识形成一种异质性信息背景时,异质性信息新的量与质就决定了知识代表社会思维整体跃迁的可能性。知识之所以能从噪声背景中凸显出来,主要在于其所拥有的信息异质性特征。个体接受知识是一种思辨的观念历险与升华。在接受知识的过程,个体思维是否能占有、运用知识在于其思辨过程中引入想象力的新颖性,即将已有知识融入思辨过程形成的抽象意识。然而,现实中,多数个体没有自觉地将引入想象力的新颖性作为自驱力,而是被动地复述知识中蕴含的他人的思辨的抽象意识,使其自身的思辨的抽象意识淹没于知识的海洋中,没有创造或创造的信息异质性程度较低,而不能汇聚成为社群群体异质性信息的表达。

(四) 文化

常识(习俗)、制度、知识能育化塑造个体、社群的精神与思维,由此指导个体、社群在生产生活中创造物质财富与精神财富,形成传承延续的个体、社群的思维意志表达。文化的形态受个体、社群生产生活活动范围约束,同一国家不同地域或相邻地域间文化的形态也有差异,主要表现为常识(习俗)、制度、知识等在语言表达、语义中有所差别,甚至同一习惯用语在不同方言中表达的语义可能是相反的。文化具有标识个体、社群思维与行为的特征,传递的信息具有较为显著的异质性。个体在社群中生产生活受社群已有的常识(习俗)、制度、知识的影响,形成了个体在社群思维认知、语言表达、缄默会意、社会行为的一致性,可以有效降低社群组织的生产生活成本。文化经过代际传承延续,受较强的精神价值与物质价值认知域约束。也就是说,已有的被传承的文化成为个体、社群身份认同的标识,具有排他性、非替代性等特征,是社群生产生活历史过程中对已有的引入想象力的新颖性能动地改造自然与社会呈现的异质性信息,可以有效协调社会内部运行的个体之间的关系、个体与社群的关系、社群之间的关系,降低个体思辨差异导致的社会内部矛盾冲突,降低社会整体运行成本。在已有文化的约束下,初期个体思辨的多样性会随着文化约束趋向于后期个体引入想象力的新颖性单一性,有可能抑制社会生产生活中创新活力与能力。新文化通过个体引入想象力的新颖性异质性信息汇总引发社群和社会思维的整体跃升,完成对已有文化的超越升华。个体引入想象力的新颖性创造生成的异质性信息成为一种文化,需要经历漫长的历史过程,在个体、社群互动博弈过程中形成包容性、延展性、协同性的社会思维与个体行为准则。然而,文化也并不总是包容个体引入想象力的新颖性创造生成的异质性信息。已有文化作为个体意识的底层背景,具有植入个体意识形成固有社会思维逻辑的特征,影响社群生产生活分工协作的组织结构及其决策的形成机制。社群分工形成的两种类型的组织结构,分为等级组织结构与多级组织结构。社会分工越趋向专业化,多级组织结构嵌套等级组织结构的层级延展就越丰富。在等级组织结构中,社群本应该接受引入想象力的新颖性的异质性信息而做出了拒绝的决策,会挫伤个体引入想象力的新颖性的积极性,最终会影响社群或社会引入想象力的新颖性的激励结构。

(五) 文明

在社会中,社群在生产生活中所创造的社会生态体系的模式、能力、运行、延续等称之为"文明"。社会生态体系是文明形态的同构形式。体系中的各系统具有自治、协同、涌现的功能。社会生态体系的主要功能是涌现生成某一历史时期社群或社会的文化态势,也是社会中的社群文化态势共同构成了社会的文明形态。文明与文化有着显著差异。在一个历史维度中,文明形态的存在依赖于生产力与生产关系的状态。当生产力没有发生颠覆性变化时,生产关系的结构、功能,以及对劳动剩余分配占有的制度形式也不会发生变化。这就意味着文明形态也不会发生质的变化。从历史维度考察,社会文明形态终极体现为个体引入想象力的新颖性异质性信息表达的权力、范围、影响及其获益。也就是说,文明形态的历史阶段划分、变迁演化与社群、社会包容激励个体引入想象力的新颖性异质性信息表达的瞬时性文化高度一致。瞬时性文化体现为积累的社会结构对个体参与事关切身利益的社会性事物赋予的权利——民主权利。原始社会拥有的文明形态不是自觉地包容激励个体引入想象力的新颖性异质性信息表达,而是从原始自发的状态遵循感官意识感受社会的自然生态。原始社会生态体系不具有涌现瞬时文化的功能,个体自然活动也不必然形成习俗、制度与知识。在代际交替过程中,原始社会的个体、社群承继代际异质性信息表达中的常识(习俗)、制度与知识积累非常缓慢,难以形成包容激励个体引入想象力的新颖性异质性信息表达的瞬时文化。奴隶社会高度约束奴隶个体引入想象力的新颖性异质性信息表达,只有在社群之间掠夺人口、资源发生战争的竞争状态下,在战争中面临生存风险的状态下,奴隶主被迫接受个体引入想象力的新颖性异质性信息有限的表达。奴隶社会的社会生态体系属于高度竞争冲突的战争模式,其瞬时文化态势被迫包容鼓励有利于战争的个体引入想象力的新颖性异质性信息表达。也就是说,奴隶主为了掠夺人口、资源而发动战争,被迫接受奴隶为赢得战争的生存权引入想象力的新颖性异质性信息表达,从而改变战争向己方胜利发展的态势。奴隶社会文明形态无不渗透着对奴隶绝对控制的习俗、制度与文化。在奴隶社会中后期,奴隶主并不亲自上战场征战。战场的隔离使得奴隶主不得不赋予奴隶更大的异质性信息表达的权力,直至奴隶通过主动或被动引入想象力的新颖性异质性信息表达颠覆战争的供养方式——革命性地变革土地所有形式,完成奴隶对土地占有权力,从而使奴隶向农民身份转变,直至社会文明形态发生颠覆性,转换至封建社会。封建社会生态体系拥有了自觉接受个体引入想象力的新颖性异质性信息表达,具有涌现生成文化的功能。封建社会文明形态通过塑造等级体系权力习俗、制度、社会知识与文化,尽可能调和个体之间、个体与社群之间、社群之间的矛盾。封建社会的文化依据朴素的代际抚育供养关系形成父权等级结构的皇权体系,增强社群生存能力。封建社会文明形态延缓了战争爆发的频次,短暂的和平与较为充足的物质保障,使得个体引入想象力的新颖性异质性信息表达有了基础物质保障,或是瞬时文化包容鼓励个体引入想象力的新颖性异质性信息表达,使得封建社会生态体系拥有了较强的涌现文化态势的功能。社群文化包容鼓励拥有既有知识的乡贤进行思辨。然而,封建社会过于强调皇权调和社会矛盾冲突的能力,刻意塑造的习俗、制度、知识与文化等强化个体引入想象力的新颖性异质性信息向掌握社会文化运行规律方面发展,极大地限制了个体聚焦掌握自然运行规律引入想象力的新颖性异质性信息的方向、能力。封建社会中的社会意识遵从集体感官意识,无法分身生成遵从来源于抽象意识的自然规律,陷入了周期性王朝更迭的历史周期律。封建社会后期,随着知识的积累,个体抽象意识得到了充分锻炼,个体不满足于创造掌握社会运行规律的知识,而是依据兴趣转向于创造掌握自然运行规律的知识。封建社会与之后的资本主义社会、社会主义社会显著的分界线是个体依据兴趣引入想象力的新颖性异质性信息创造掌握自然运行规律的知识。这些知识作用于社会文化态势,塑造了具有现代性的文明形态。资本主义社会文明形态与封建社会的文明形态在私有制方面具有一致性,通过私有制的形式鼓励竞争式的个体引入想象力的新颖性异质性信息,使得拥有从感官意识向抽象意识升华的能力成为少数个体的特权。资本主义社会积累的社会结构会引发周期性的社会运行矛盾。社会主义公有制的文明形态鼓励社群、社会中的个体能公平地获得拥有抽象意识的能力，或极大地包容鼓励个体引入想象力的新颖性异质性信息。然而，受限于积累的社会结构的影响，社会主义社会初期创造物质的能力不足，社会物质资源的匮乏约束了个体抽象意识能力训练，个体不能完全依据兴趣引入想象力的新颖性异质性信息，而是需要兼顾社会发展的集体需要。受限于社会物质资源约束，社会主义初期阶段只能通过社群分工的等级体系完成社会物质资源积累。虽然，社会主义整个阶段都强调赋予个体引入想象力的新颖性异质性信息的权力，但是，社群分工等级体系结构导致个体引入想象力的新颖性异质性信息与社群现实需求匹配的矛盾。在完成社会物质资源积累后，社会主义社群分工等级体系与多级体系互为嵌套，社会文明形态包容鼓励个体依据兴趣合作引入想象力的新颖性异质性信息，极大地创造掌握自然运行规律的知识。此时，社会主义社会生态体系拥有了创造社会文化态势的功能，社会文化鼓励包容、合作、协同、创造等，直至触发社会意识整体跃迁，创造出人类终极的文明新形态。

二、引入想象力的新颖性创造新知识

怎样创造新知识？或如已发表的有创造新知识的学术论文中引入较为新颖的论证方法，得出了一些较为有趣的结论，这是知识创造吗？或者，论述常识性概念会创造新知识吗？先明确一个概念，判断科学研究是否创造了新知识要看是否引入了想象力的新颖性，即是否融合了其他现实实有进入研究本体存在的范畴，在认识论的基础上赋予研究对象思辨过程的抽象意识。没有引入想象力的新颖性的科学研究在创造新知识的贡献就微乎其微，甚至会走向科学研究的反面。

现在国内学术界社会科学领域论述知识创造沿用国外预设的学术观点、框架，如论述个体或企业所拥有的知识基础、知识网络为论述的起点，论述个体之间的知识差异、在知识网络中的位置等论证对科研创造力绩效的影响，以此扩展为企业内部或外部合作网络的密度、科研人员的流动性、产业间知识基础、知识差异对等对科研创造力的影响。个体（单元）间的知识基础和知识差异（异质性知识、多样性知识）是影响科研创造力的基础因素，并引入常见的知识网络、网络结构、结构洞等常见的分析方法，研究形成影响科研创造力的因果关系或相关关系。国内许多学者在外文期刊上发表的学术论文都将知识基础与异质性知识作为论证的理论基础，得出了诸如合作网络密度、合作网络中心程度与企业知识基础一致性交互对企业知识创新的影响，企业合作密度与企业基础知识多样性对企业知识创新的影响等有趣的论点。这些论文通过调研收集某企业发明的专利，或其他专利池的专利，构建模型，利用大数据技术，进行了建模数据分析，进一步证明了论点假设的可靠性。论文发表在外文期刊上，也充分证明了文章遵循科学研究的基本范式，研究遵循实证定量分析，符合国际通行的研究规范。然而，现实问题是典型企业的知识创新是否具有可复制性，或者说个体或合作型企业的知识创造力能否上升为国家整体知识创造力提升的制度设计。如果能，如何进行制度设计；如果不能，其通行的科学论证的规范性与国家需要的通过已有的社会科学研究形成的结论转化成国家指导科学研究制度的设计存在怎样的认识误区；如果研究结论不能转化成制度设计，那么存在怎样的误区导致许多遵循西方社会科学规范的科学研究并不能真正转化成我国创造知识的制度设计。毋庸置疑，这些零散的结论会直接或间接影响国家的决策，以及决策执行产生的效果。

已发表在国际刊物的论文对创造新知识的贡献有多大，或是对促进我国社会认知有多大提升。如果单从学科知识范畴来看，已发表的论文似乎对其他科研人员提供了较为有趣的文献参考。如果放大到整个社会的应用层面，要看论文中论述的概念是常识性概念，还是社会层面急迫解决的共识性难题。常识性概念是指经过社会实践证明的在社群中的一种共识性知识背景，就如公理一样是不需要进行科学的论证的。显然，这里提到的异质性知识、知识差异性、网络合作密度对知识创新的影响是常识性概念。这里涉及知识创新中更为一般性的常识性概念：知识耦合与知识扩散。在知识耦合中，异质性知识或知识差异更能促进知识耦合生成新知识，科研人员流动更能促进新知识扩散，进一步促进知识的多样性与差异性。然而，可以预想，如果个体不引入想象力的新颖性，在有限的社群活动内，如果知识扩散停滞，当每个个体拥有的背景知识基础一致时，知识创造力就会近似为零。个体引入想象力的新颖性就如隐性知识一样，是一个内生变量，无法通过已有的数据来准确地描述，也就无法体现在论文的数据建模中，作为最重要的量化指标来描述。

社会科学研究人员如果用所谓的科学方法论证常识性概念会产生怎样的影响呢？如果论证 A→A 成立，需要引入诸如已有知识 B、C、D……那么，在论证的过程中，并没有能产生引入具有想象力的新颖性的必要性，也就不会在论证的过程中产生新知识。因为西方社会科学对这种论证方式设定了非常严苛的论证规范性，诱导他国最顶尖的科研人员付出毕生经历去论证从西方社科发端来的论点，其危害性就是造成他国处于金字塔顶端的科研人员极大地浪费了宝贵的科研生命周期，浪费了国家大量的人力、物力和财力，并且所得出的结论并不能进行复制推广,误导了国家科学研究的方向,甚至动摇了国家意识形态领域的根本。

社会科学研究不是不需要科学论证的规范性,而是首先要识别论证的是常识性概念,还是社会实践遇到的难题。如果是常识性概念,那么,摆在我们面前的问题就是,它是需要纠正完善概念的论证,还是需要补充概念的论证,而不是在阐述常识性概念存在的所谓的科学性。在我国社会科学领域的研究中,受西方社会科学概念的影响,研究论证的规范性受国际期刊指挥棒的指挥,论证逐渐脱离了社会急需解决的真问题,而是在西方社会科学给定的一些伪问题、伪概念中做循环论证,其结论产生的影响直接导致了接受过西方社会科学的学者性领导所产生的意识形态指挥棒偏离了社会主义的要求,在决策层面增加了社会主义事业发展的无形阻力。如在国家层面急需解决的国家创新体系建设、新型举国体制、科技创新的规律、国家战略科技力量等问题,由于缺少连贯的新的创新理论基础知识的引入,这些问题长期悬而未决,不能在理论层面上形成统一认识。

实践验证的常识是公理的源头。空想是脱离了实践验证的想象。个体想象力的新颖性需要与实践中观察到的现象、常识、知识、制度、文化等已有的异质性信息相融合。个体创造新知识要引入想象力的新颖性,社会科学研究设定的论题要尽力避免常识性概念的论述,要将社会急需解决的真问题提炼出来,要深入系统化研究,力争每一位独立的科研人员能够形成独立的体系化的研究理论,以此才能实现我国社会科学领域的繁荣,逐渐掌握学术话语权。

三、创新劳动协同互动的组织结构

创新的组织结构可以分解为等级体系结构与多级体系结构。相对于多级体系而言,等级体系在接受质量高的方案而拒绝质量低的方案更具有优势。这种决策上的差异会产生组织绩效的变化,进一步讲,组织绩效或决策质量受到个体判断导致错误的类型影响:一些被接受的方案实际是应该被拒绝的,而一些被拒绝的方案实际上是应该被接受的。在统计推断中,前者对应的是第一类错误,后者对应的是第二类错误。等级体系容易犯第一类错误的概率大一些,多级体系容易犯第二类错误的概率大一些。在处理信息中,个体的系统集合要优于个体独立处理信息的总和,这与信息的非独立性有关。同时,因为信息的交流是有成本的,并且个体总是下意识地隐藏有价值的信息,就会造成等级体系和多级体系处理信息能力的差异,非完全信息会导致在甄别方案时,不同组织结构产生不同的组织绩效结果。如果信息是完全的,等级组织结构和多级组织结构所犯两种错误的结果是无差异的;如果信息是非完全的,根据所犯错误的类型,组织绩效也是不同的,表现在一体化科技协同创新体系中,就会产生一体化与非一体化创新研发所产生的绩效差异。图 a、图 b 是协同创新单元等级体系与多级体系决策结构示意图。同一方案集,多级体系接受方案集的比例要高于等级体系。因为等级体系的每一层级对方案集的甄别是单项的,一旦第一层做出拒绝对方案集的甄别,那么高一层级就不会接受该方案集的任何信息。同理,多级体系分别甄别初始方案集,如果创新单元 1 拒绝了本该接受的方案但做出了拒绝的甄别,那么创新单元 2 有可能接受该方案,或是两个创新单元能同时接受该方案集。在所犯错误类型中,多级体系因为接受了本应该拒绝的方案少一些而容易犯第二类错误,而等级体系接受了本应该拒绝的方案多一些而容易犯第一类错误。

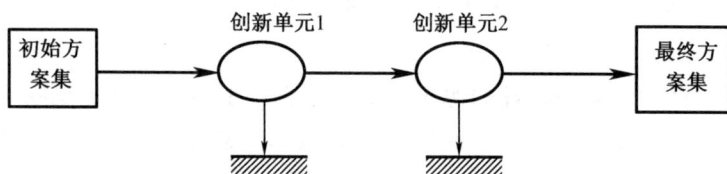

图 a　协同创新单元等级体系决策结构示意

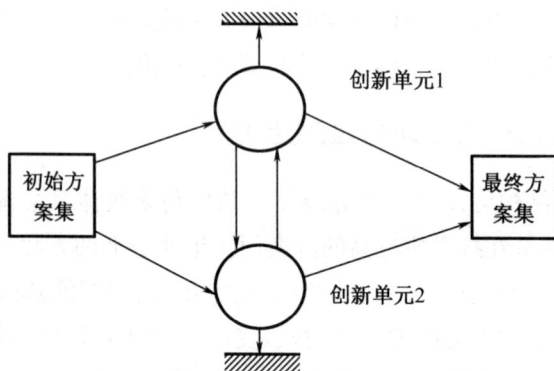

图 b　协同创新单元多级体系决策结构示意

资料来源:斯蒂格利茨:《信息经济学:应用》,中国金融出版社,2009。

当避免第一类错误时,多级体系结构要优于等级体系结构;当避免第二类错误时,等级体系结构要优于多级体系结构。斯蒂格利茨认为,一个经济体系的组织结构会影响到体系内个体所犯的错误和这些错误出现的方式。信息失真会引发某一层级的决策错误诱导组织体系内部错误的整体放大,或是每一层级的信息失真叠加会造成体系组织结构紊乱,导致体系组织结构会严重偏离预定目标。因而,体系为了解决此类信息失真引发的错误,会不断调整体系组织结构,尽可能地确保信息传递的质量。组织信息结构总是与组织处理信息的内容和过程有关。组织是不同个体组成的集合,与个体相比,组织在一定时期内处理信息会更有效率。假设一个组织是由两个个体组成,那么,该组织的两个个体在限定时期内处理信息的量要比单个个体在同一时期内处理两倍的信息量所获收益更大。

一体化科技协同创新体系项目网络化构建的原则是分类建立复杂创新项目,将复杂创新项目分解成多个子项目,具有多种学科强耦合关联的单元是项目分解和识别的重点。一体化科技协同创新体系网络构建的内容,即对创新项目的任务进行分解,将复杂的创新项目分解为多级子项目,形成网络的节点。每一个子项目都有独立的模型,该模型是高度抽象了子项目的知识和数据建立的。同时,为了实现复杂创新项目的分解,通过建立可计算的建模系统,系统分解应该与识别强关联创新单元保持一致,子项目多为强关联创新单元。

一体化科技协同创新体系项目整体优化取决于每一项复杂装备体系创新项目的多学科设计优化,为了减少或消除迭代次数(信息交流次数),设计优化旨在减少创新项目中的变量和修正模型的数量。一体化科技协同创新体系网络的构建提供了设计优化,网络中边的强弱关系依赖于识别修正模型迭代的次数,迭代次数越多,网络的边呈现的强联结关系也越强。

如果一体化科技协同创新体系项目中模型需要修正的数量越多,那么创新系统的迭代过程就会越长,创新体系的信息综合处理成本就会越大。判断实体一体化科技协同创新体系网络的创新绩效,即创新网络形成的组织绩效是由信息结构所决定的,信息结构是通过创新项目中变量空间所决定,也是通过创新项目中创新主体识别模型修正的能力所决定的。在国防复杂装备创新项目中,差异性学科背景的创新劳动在实现共同的创新目标时,会形成强的创新知识耦合。然而,创新知识耦合需要创新主体既有较强的创新知识的能力,同时,也需要创新主体拥有较强能力将创新知识进行融合,这一过程最终浓缩为强关联的修正模型。然而,强关联组成部分的创新单元之间不是相互独立的,需要进一步进行识别,以区分每一部分的强关联组成,最终形成稳定的创新网络,这一过程属于实体创新网络的演化。